はじめに 007

第1章 「グレーゾーン」を見える化する……015

第4章 強いられる「全員顧問」の苦しみ

第5章 教員の働き方改革――無法地帯における長時間労働

はじめに

1　部活やめたい

「部活がしんどい、やめたい」「もっと休みがほしい」「なぜ全員強制なの?」「授業に向き合う余裕がない」……日本の中学校や高校に通ったことがあるならば、一度はこのような感覚をもった人も多いことだろう。早朝と放課後、土日はもちろん、場合によってはお盆やお正月までも部活動がある。しかも部活動に参加しないことは許されず、全員にそれが強制される。

ところが、少し調べを進めてみれば、部活動というのは制度の上では「自主的な活動」であることがわかる。文部科学省が定める学習指導要領には、部活動は「生徒の自主的、自発的な参加により行われる」(中学校学習指導要領、高等学校学習指導要領)と明記されている。自主的な活動であるはずなのに休めないとは、どういうことか。自主的であるのに全員に強制されるとは、どういうことか。ほんの少し考えただけでも、こうして矛盾が噴出してくる。

そして、冒頭の訴えはじつは、生徒ではなく先生からの訴えである。私が、生徒からではなく先生自身の口から聞いたことを、紹介したものだ。部活動の顧問を担当する先生たちが、「部活がしんどい、やめたい」「もっと休みがほしい」「なぜ全員（に顧問の担当が）強制なの？」「授業に向き合う余裕がない」と切実に訴えているのである。

部活動は、言うまでもなく、授業ではない。だから、学校で必ず教える・教えられるべきことではない。さらに教員においては、部活動に費やされる時間の大半は、時間外勤務である。教員は法制度上、時間外勤務が認められていないため、部活動指導は形式的には教員が自分の意志で好んでやっていることになる。部活動とは、生徒にとって「自主的な活動」であると同時に、教員にとっても「自主的な活動」なのだ。だけれども、現実には自主性はほぼ認められず、教員は部活動のために、時間外勤務をただ働きで強いられ、土日までをも指導のために費やしている。

2 生徒だけでなく先生も

このところ、連日のように部活動改革関連の話題を見聞きするようになった。学校の部活動が、あまりに負担が大きく、また理不尽なことが多すぎるというのだ。これら部活動関連の諸問題には、先生にも生徒にも当てはまることが多くある。その休みなき過重負担に、先生も生徒も悲鳴を上げている。

これまで部活動を問題視する議論の大半は、「生徒の苦しみ」に向けられてきた。部活動が過熱し、練習を休めない、勉強に割く時間がない。根性論的な指導による身体への負荷（熱中症や野球肘・肩）、安全配慮の欠如による死亡や重度傷害、部内のいじめやしごき、さらには顧問による暴力や暴言など、これらはいずれも、生徒が受ける被害であった。

他方で、「先生の苦しみ」には、長らく関心が寄せられてこなかった。むしろ、先生たちは、「生徒の苦しみ」を引き起こしたことの責任が問われ、部員を適切に指導できなかったことについて教員としての資質を問われるというのがオチであった。

誤解を恐れずに言うならば、生徒を指導する立場に置いてはならない先生もいる。「指導の一環」として暴力を振るい続けたり、そのことを隠ぺいしようとしたりする。生徒が「部活やめたい」と言えば、怒鳴りつける先生もいる。あまりに理不尽な扱いである。部活動を指導すること、あるいは教壇に立つことさえ、許されてはならないように思える。

だが、私たちがそうした「生徒の苦しみ」を強調するばかりに、部活動という巨大な慣行のもとで苦しんでいる先生たちの声はかき消されてしまう。「部活やめたい」というのは、生徒だけではなく先生の声でもある。生徒が被害者で、先生が加害者という従来の構図に加えて、生徒と先生の両者の苦しみに目を向けるところから、部活動の改革について丁寧に考えていきたい。

3 部活は楽しい！：「強制」と「過熱」から考える

「しんどい」「休みたい」などと書くと、部活動はすべてにおいて、まるで生き地獄のように見えてしまう。だが、中学校や高校で生徒として部活動を経験し、それを振り返ったときには、むしろ逆の実感をもつ人が多いことだろう――「つらかった面もあるけれど、部活動はやってよかったと思っているし、学校生活のなかでいちばんよい思い出になっている」と。

なるほど、クラスメートとよりも部活動仲間とのほうが、濃密な時間を過ごす。卒業後も、親友として付き合いがずっと続くこともよくある話だ。大学入試や高校入試の面接でも、部活動でどれほど頑張ったかを、誇りをもってアピールする受験生も多いと聞く。強制的な苦役というよりは、みずから積極的に関わった意義ある活動として、その経験は語られる。

先生もまた、同じような思いを共有している。毎日と毎週末の部活動は、たしかにつらいこともあるけれども、それ以上に楽しいことも多い。日々の練習をともにして、一つひとつの勝ち負けに一喜一憂し、3年生の引退試合のときには、皆で涙を流す。

自分が積極的にかかわるほど、チームは活気を増し、技能は上達し、土日を惜しんで練習するようになる。生徒は顧問の教員をクラス担任や教科担任以上に慕い、そして保護者からは厚い信頼を得る。部活動は、絆や達成感、信頼感という何にも代えがたい感情的なつながりを生み出す。

部活動は、みずから積極的に関わりたくなるような、価値ある活動である。生徒にとっても、先生にとっても、プライスレスの有意義な活動である。だからこそ、部活動には歯止めがかからない。みずから進んで活動し、そして楽しくて夢中になるからこそ、過熱していく。気がつけば、土日もお盆もお正月も、部活動に参加している自分がいる。

部活動の改革を訴えている先生には、部活動が大好きな、あるいは大好きだった先生がたくさんいる。夢中になって部活動を指導してきたのだけれども、ふとしたときに気づくというのだ――「このままではいけない」と。

部活動の現状を苦役や強制の側面だけに注目して問題視するだけでは、いま起きていることの半分しか照らし出せない。部活動は、単なる苦役や強制ではなく、みずからハマっていく「楽しみ」でもある。

部活動というのは、基本的に制度上は「自主的な活動」である。だが現実には、自主的どころか強制的になっている。その一方で自主的とされているからこそ、歯止めがかからずに過熱していくことにもなる。「自主的な活動」をめぐる、この「強制」と「過熱」の仕組みを明らかにして、議論を整理していくことが、これからの部活動のあり方を考えるうえで、不可欠な作業である。

4 本書の諸前提：「エビデンス」と「4つの基礎的視座」から運動部・文化部をよりよいものに

さて本題に入る前に、いくつか確認しておきたいことがある。

まず、本書は部活動の全廃を目指すものではないということである。私たちが身体をケガしたときに、その部分を治療して健全な身体活動を取り戻すように、その制度や慣行がもっている負の部分を改善さえできれば、むしろその制度や慣行は以前よりももっと意義のあるものになっていく。いまある問題を改善することで、部活動をよりよいものにしていくこと、これが本書の目標である。

その目標を達成するために私がとくに重視したいのは、できる限りエビデンス（科学的根拠）をもとに、ブラック部活動の実情を描いていくという方法である。部活動は、学校教育に深く根ざしてきた活動のわりに、統計資料が限られている。とくに全国的な状況は、ほとんどわからない。本書では、限りある統計資料を駆使しながら、部活動の実態を描き出す。

エビデンスとともに私が重視したいのは、部活動のあり方を整理する基礎的な視座である。エビデンスによって「見える化」された諸問題を整理し、改善に向けた提案を展開するためには、その土台となる視座の獲得が必要である。

あらかじめここに、ぜひとも押さえておいてほしい4つの基礎的な視座をあげておく。その視座とはすなわち、部活動は、①制度上「グレーゾーン」に位置しているということ、②「自主的な活動」であり、自主的なのに強制され、自主的だから過熱しているということ、③「評価」の対象とされたことで過熱が進んだということ、④「居場所」の論理と「競争」の論理の両面から検討されるべきということ、の4点である。これらの視座を理解するためには、とくに第1～3章と第9章にはしっかりと目を通してほしい。

そして、本書が扱う「部活動」には、「運動部」だけでなく、「文化部」も含まれていることを念頭に置いてほしい。これまでの部活動に関する著作（記事、論文、本）、調査、施策、提言などは、ことごとく運動部のみを対象にしたものであった。

じつは私の手元に届く苦悩の声でいちばん多いのは、吹奏楽部関連のものである。だが吹奏楽部の課題は、部活動の議論からまったく取り残されている。むしろ、取り残されているからこそ、関係者はどこかに実情を訴えたいのだと理解すべきであろう。本書でも参照するエビデンスがどうしても運動部に偏ってしまうが、本書の射程にはつねに運動部と文化部の両方が含まれていることを理解してほしい。

本書では、エビデンスにリアルさを吹き込んでもらうべく、現場の先生方に協力を仰いだ。このところウェブ上でブラック部活動への関心を呼び起こしている「部活問題対策プロジェクト」の先生方に、座談会と寄稿（コラム）をお願いした。また本書の第8章においても、その活動内容を詳しく追っている。

部活動を全否定するのではなく、その強制と過熱をマシな方向にもっていく。より多くの関係者が、無理することなく「部活楽しい！」と言えるような、新しい部活動のあり方を探っていきたい。

※本書においては、具体的な個別の事例や意見をたくさん紹介している。基本的にそれらは、特定化を避けるために、内容の趣旨を損ねないかたちで再構成している。

第1章

「グレーゾーン」を見える化する

1 「なぜ廊下を走るの？」中学生の訴え

ネット上にある小中高生向けの相談窓口に、中学2年生の女子生徒が「なぜ廊下を走るの？」というタイトルで質問を投稿した。

■なぜ廊下を走るの？

私は中学2年生で、吹奏楽部です。

体力をつけるために、練習メニューに、ランニングがあります。晴れているときは学校の周りを走り、雨のときは校舎のなかで廊下を走ります。

でも、廊下は私たちだけのものではありません。放課後とはいっても、みんな学校にいるから、先生も生徒も廊下を歩いています。

私たちって、すごい邪魔ですよね？

しかも、廊下を走るなんて、行儀が悪いし、恥ずかしいことだと思います。

私は、正直、走りたくありません。吹奏楽部の評判が悪くなる気もします。

みなさんは、廊下を走っている部活のことを、どう思いますか？

部活動のトレーニングで、廊下を走る。「部活あるある」だ。私自身も、部活動では何度も廊下を走ったことがある。それが当たり前だったから、当時はそのことに疑問をもつことはまったくなかった。

さて、インターネットで各学校の部活動の様子を見てみると、廊下を走るのはまさに「部活あるある」だ。廊下や階段を走る中高生の写真が、次々と見つかる。

廊下でのトレーニングは、走るだけではない。腕立て伏せや腹筋などの筋トレも、ありふれた風景だ。ミニハードル（低めのトレーニング用ハードル）を用いたトレーニングもある。野球部はキャッチボールをすることもあり、さらにはリレーのバトン練習をしている画像もある。

狭い廊下に卓球台を置いている学校もある。卓球台の横側に空きスペースはほとんどない。卓球は、立ち止まって腕だけで戦う競技ではないはずだが、はたしてそれで練習になるのだろうか。

廊下を使うのは、運動時だけではない。上記の例は吹奏楽部が運動をしている様子であるが、吹奏楽部といえばパート練習のときに、廊下を使用する。吹奏楽部にとって廊下は、体力向上のためにも、演奏技術向上のためにも、立派な練習場である。

2 「自分だけ外を走ればいい！」

質問を寄せた中学生は、廊下は自分たちだけが使うものではないこと、そして廊下を走るのはそもそも行儀が悪いことだと訴えている。なるほど、私たちは学校生活のなかで、さんざん「廊下を走るな」と言われてきたはずだ。学校によっては校則のなかで、「廊下の歩き方」を明記していることさえある。

質問に対しては、主に中学生からの回答が十数件あった。しかしながら、質問者の生徒に同調する意見は一つもない。

ほとんどの意見は、「そんなの普通」というものだ。「陸上部もサッカー部も、バスケ部やソフトテニス部も、どの運動部もしょっちゅう廊下を走っている」「毎朝走っている部活動もある」、だから「そんなこと気にする必要ないし、行儀が悪いことでもない」と返されている。

なかには、「本当は、走るのが嫌いなんでしょ？」「行儀悪いと思うなら、雨だろうが雷だろうが、自分だけ外を走ればいいじゃない。廊下を走れるだけ、ありがたいと思いなさい！」と厳しい回答もあった。質問者の生徒は、自分の意見がほとんど理解されなかったことに、困惑しショックを受けたのではないだろうか。

　ここに紹介した回答は、中学生からのものであるが、おそらく学校側も同じような見解をもっているはずである。なぜなら、私がネット上で見つけた廊下や階段を使用する部活動の様子は、そのほとんどが学校の公式ウェブサイトに掲載されているものだからである。

　学校は、生徒の普段の様子を保護者や外部に紹介するために、生徒が廊下を走る様子を写真に収め、公開している。行儀が悪いことでも恥ずべきことでもない。いわば「そんなの普通」であり、さらには、生徒の元気でひたむきな姿をみんなで共有するという積極的な意味合いさえ込められている。

　部活動で廊下を使うのは、当たり前の風景である。そんなことに違和感を覚えるあなたのほうがおかしい――こうしてまた、当たり前の風景は存続していく。

3　「グレーゾーン」としての部活動

　私は、冒頭の吹奏楽部員の意見に賛同する。

　私が賛同する理由は、「行儀が悪い」ことにくわえて、より実質的な理由として、生徒の安全性を確保するためである。

　廊下を走っていると、廊下の角や教室のなかから出てきた人に、勢いよく衝突してしまうかもしれない。グラウンドや体育館とちがって、校舎のなかは狭いだけでなく、見通しもきかない。歩いているだけでも、注意が散漫なときには、人にぶつかりそうになる。そして学校で先生たちが「廊下を走るな」と言ってきたのも、まずは事故防止のためではなかったか。

階段の場合には、そこを上るときはまだよいかもしれないが、下りるときは、駆け足で下りていくことになる。踏み外して転倒という事態も起きかねない。さらに雨の日にもなると、廊下も階段もすべりやすくなって、事故のリスクは高まるばかりだ。負傷事故の予見可能性は、きわめて高い。

それでは、行儀が悪くまた事故が起きやすいにもかかわらず、部活動でなぜ廊下を走るのか。

その答えは、「部活動はグレーゾーンだから」である。「グレーゾーン」とは後段で詳しく説明するとして、ひとまずは、「広くは学校教育の範疇に入るけれども、必ず教えるべきものではない」という意味で理解してほしい。

部活動の時間帯、学校の敷地内は教室こそほとんど誰もいないが、それ以外の場所では、生徒が所狭しと、活動を繰り広げている。グラウンドでは、野球部やサッカー部、陸上部などさまざまな部活動が一斉に練習メニューをこなしている。野球部や陸上部のエリアにサッカーボールが転がってくるというのは日常茶飯事である。校舎のなかも、走ってはならないはずの廊下や階段が、部活動の練習のために活用される。誰かが歩くそのすぐ脇を、集団で生徒が駆け抜けていく。

このような混雑する事態は、正規の教育内容である各教科の「授業」の時間帯には起きない。

なぜなら、グラウンドや体育館では、校内のごく限られたクラスが割り振られて活動をするからだ。他のクラスは、教室や特別教室（音楽室や理科室）で授業を受ける。それぞれのクラスが入り乱れるということはない。学校という施設は各授業が滞りなく運営されるように設計されている。

しかしながら、部活動は授業ではないので、正規の教育内容として事細かに制度設計がされているわけではない。各部活動が支障なく伸び伸びと活動できるような学校空間は、用意されていない。部活動が始まると、大多数の生徒が教室の外で何らかの活動をする。そのとき途端に、グラウンド・体育館や特別教室が生徒でいっぱいになってしまうのだ。

部活動は、正規の教育内容ではないけれども、学校管理下（学校の敷地内）で実施される。いわば中途半端な「グレーゾーン」の活動だからこそ、このような事態が生じてしまうのだ。

4 無法地帯のさまざまな問題と矛盾

「走ってはならない」というルールを破ることで、ようやく部活動が成立する。「グレーゾーン」は、明確な規定がないばかりに、掟破りを可能にしてくれる。制度設計が不十分であるために、部活動はさまざまな矛盾や問題が混在したままとなる。グレーゾーンとは「無法地帯」と言い換えてもよい。

後の各章で詳述するとおり、部活動で生じる多くの問題が、そのグレーゾーン的性格に関連している。

部活動は、学校教育のなかでおこなわれている。顧問の教師は、毎日数時間、土日にはさらに多くの時間を部活動に費やす。だがもともと、大学で教員免許を取得する際に、部活動の指導方法を学ぶ授業は、基本的には一つも用意されていない。部活動のことを専門的に学ぶことがないままに、日々の指導に当たっているのだ。

なぜそうなるのかといえば、まさに部活動は「グレーゾーン」だからである。正規の教育内容ではないから、教師になるためのカリキュラムに、部活動に関する授業は組み込まれていない。でも、現実には学校内の教育活動として、指導せざるをえないのだ。

これに関連して、部活動の顧問は、そのスポーツや文化活動についてまったくの素人であることが多い。国語の授業で、国語の素人が授業をすることはない。それは、正規の教育内容としてちゃんと制度設計ができていて、中学校や高校では、国語科の教員免許をもつ教員が国語を教えているからである。だが、部活動はそこがゆるゆるだ。素人が何の経験も知識もないままに、部活動を指導することになる。

生徒が練習をしているときに、顧問がそばにいないというのも、部活動の制度設計ができていないことに起因する。国語の授業のときに、教師が頻繁に不在になるということは起きない。50分の授業をするべく、国語科の教師がその授業に割り当てられている。他方で、部活動の時間帯に教員が完全密着でその指導に当たると、学校はまわらなくなる。部活動に教師がずっと付いていられるようには、人員の配置も時間の配分もなされていない。

明確な制度設計がないままに、無理矢理それを学校内で運営しているために、部活動は何でもありの無法地帯になってしまっている。走ってはならない廊下を皆が走るのも、無法地帯としての部活動を象徴する場面である。

こう考えると、先ほどの中学生の「なぜ廊下を走るの？」という訴えは、単なる個人のわがままではないことがわかる。それは、部活動が抱えている構造的な欠陥に根ざすものである。しかしながら、「本当は走るのが嫌なんでしょ」といった返答に代表されるように、その訴えは個人的なわがままとして処理されていく。ひとたび「見える化」しかけた部活動の構造的問題は、大勢の反対意見によって一蹴され、再び潜在化していく。

まずもって私たちがいま取り組まなければならないのは、グレーゾーンを「見える化」させることだ。「そんなの普通」「当たり前」として見過ごされているさまざまな問題や矛盾にしっかりと向き合うことをとおして、改善の方途を探っていかなければならない。

なお、その意味でいうと、学校の校舎や敷地が部活動のキャパシティを超えているという状況もまた、慎重に検討に付されるべきである。というのも、キャパシティを超えているという診断は、現在の「普通」で「当たり前」の部活動をそのまま維持しようとするからそうなるのだ。

たとえば各部活動の練習日数が週に3日程度になれば、サッカー部と野球部が同時にグラウンドを使うという事態を回避することができる。部活動の改革談義が、練習量をはじめとして現状の活動総量の維持を前提にしていることがしばしばある。これでは、改革は進まない。この点については、部活動の未来像を提示する第9章で詳述したい。

5 部活動は「教育課程外」の活動

部活動は、学校の日常風景のなかに、あって当たり前のようにすっかり溶け込んでいる。だが、じつは部活動とは、「教育課程外」の活動である。

「教育課程」というのは、「学校教育の目的や目標を達成するために、教育の内容を子供の心身の発達に応じ、授業時数との関連において総合的に組織した学校の教育計画であり、その編成主体は各学校である」（文部科学省 中央教育審議会初等中等教育分科会（2015年9月14日開催）配付資料）。

簡単にいうと、教育課程とは各学校が定める教育内容を指す。各学校が定めるとは言っても、国の学習指導要領によっておおまかな教育目標・内容が規定されていて、かつ学校教育法施行規則によって小中学校は年間の標準授業時数等が決められている。

各学校は国や法律が定める指針のもとで、教育課程すなわち具体的な教育内容を計画する。その具体的な教育内容のなかに、部活動は含まれていないのだ。

学習指導要領には、部活動はかろうじて次のように記載がされている。

学習指導要領 第1章 総則

第5 学校運営上の留意事項

教育課程外の学校教育活動と教育課程の関連が図られるように留意するものとする。特に、生徒の自主的、自発的な参加により行われる部活動については、スポーツや文化、科学等に親しませ、学習意欲の向上や責任感、連帯感の涵養等、学校教育が目指す資質・能力の育成に資するものであり、学校教育の一環として、教育課程との関連が図られるよう留意すること。その際、学校や地域の実態に応じ、地域の人々の協力、社会教育施設や社会教育関係団体等の各種団体との連携などの運営上の工夫を行い、持続可能な運営体制が整えられるようにするものとする。
（「中学校学習指導要領」２０２１年度から完全実施）

部活動とは、教育課程外の活動であり、言い換えれば「生徒の自主的、自発的な参加により行われる」ものである。自主的で自発的なものだけれども、学校教育の一環として部活動を運営するからには、正規に定められた教育内容と何らかの関連があるようにしましょう、というのが学習指導要領の説明である。

部活動のあり方を考えていくうえで、それが「学校教育の一環」でありかつ「自主的、自発的な参加」で成り立っているという原則は、きわめて重大な意味をもつ。本書においても、今後の話を進めていく際に、たびたび言及することになるであろう。

6 「授業」とのちがいから「部活動」を理解する

部活動の位置づけを、さらに詳しく見ていこう。

ここでたとえば、スポーツであれば体育の時間が、楽器の演奏であれば音楽の時間が、一週間の時間割のなかに組み込まれていることを思い起こしてほしい。これらは授業であって、中学生は好き嫌いにかかわらず、学校でこれらの内容を学ばなければならない。もし授業がある日に学校を欠席すれば、それはちゃんと教員によって公式に記録される。遅刻や早退でも同じだ。

他方で部活動では、それがスポーツ活動であれ文化活動であれ、生徒が必ずしも参加すべきものではない。先述のとおり、部活動は生徒の自主的な活動である。正規に教えられるべきことではない。だから、たとえば部活動を欠席したところで、それは公式には記録されない。ある日に体調が悪いからと授業後に部活動に参加せずに帰宅したとしても、早退扱いになることはない。

授業との関係でいえば、部活動は補習と同じ位置づけをもっている。たとえば授業で英語を学ぶ。それでは学力の定着が不十分だろうと学校や生徒または保護者が判断すれば、補習という選択肢が用意されることがある。正規の教育課程にはない、自主的な活動である。だから、補習が開講されたにもかかわらず生徒がそれをサボったとしても、道義的に先生から怒られることはあっても、公式の出席簿では早退や欠席扱いにはならない。

同じように、授業で体育を学ぶ。それ以上にスポーツを経験する場が必要であると学校や生徒または保護者が希望すれば、部活動という選択肢が用意されることになる。文化活動も同様だ。音楽や美術、理科などの授業ではカバーできないようなことに触れたい・触れるべきと学校や生徒または保護者が判断すれば、部活動という場が提供されることになる。

7 「スポーツクラブ」や「学習塾」とのちがいから「部活動」を理解する

これを図式的に示すと、図1-1のようになる。

学校の教育活動の中心には、「授業」がある。これは、学校教育内の活動であると同時に、教育課程内の活動である。生徒にとっても教員にとっても、学校はまずもってこの「授業」のためにある。

授業の外側には、「部活動」や「補習」が位置づく。いずれも、学校教育の一環に含まれるけれども、正規の指導内容ではない。教育課程外だけれども、学校教育内の活動である。

さらにその外側には、教育課程外でありかつ学校教育外の活動が位置づく。具体的には、「総合型地域スポーツクラブ」「民間のスポーツクラブ」「お稽古事」「学習塾」などがある。

前三者（総合型地域スポーツクラブ、民間のスポーツクラブ、お稽古事）は、部活動に類する活動内容が、完全に学校を離れておこなわれるものと考えてよい。これらには、現行の部活動を代替する可能性がある（詳しくは第9章を参照）。

そして、補習に対応する学校外の活動というのが、学習塾である。補習はそのほとんどが、学校外に丸投げされている。学校の授業に付加する学習機会は、学校内では用意されない。基礎力の定着から応用力の養成まで、学習塾がそれを引き受けている。

学習塾の現状を参照すると、部活動の特徴がはっきり見えてくる。すなわち、授業外のスポーツや文化活動は、アウトソーシングされることなく、学校内で学校の教員という人材を使って、提供されている。部活動は、教育課程外でありながらも、学校教育と密接な関係を有しながら維持されている。

これが、部活動を「グレーゾーン」というかたちで解釈すべき理由である。完全に学校教育の内側にあるわけでもなく、かといって完全に学校から切り離されているわけでもない。必須ではなく自主的な活動にすぎないのだけれども、学校教育の一つとして明記されている。この中途半端なグレーゾーンに、さまざまな問題や矛盾が押し込められている。グレーゾーンのなかは、無法地帯である。

ただし、部活動がその位置づけとして「グレーゾーン」（教育課程外だが学校教育内）であること自体が全面的に問題であるというわけではない。グレーゾーン的な位置づけを維持したままの改革も、選択肢としては十

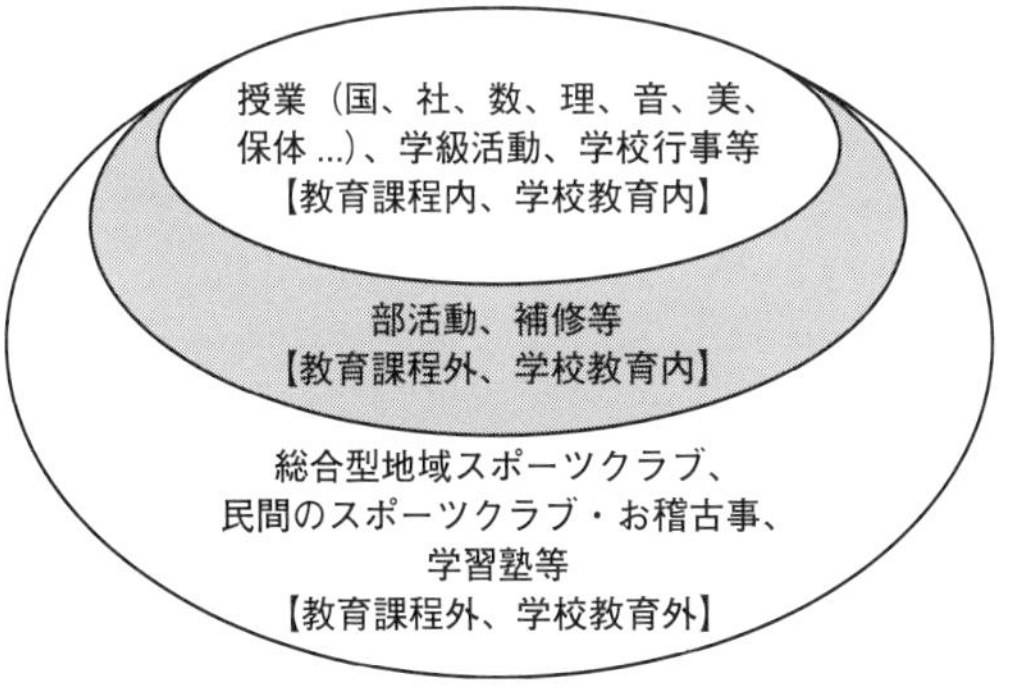

図１−１ 部活動のグレーゾーンとしての位置づけ

分にありうる。私がいま問題視したいのは、グレーゾーンであることがうやむやにされていることである。

グレーゾーンであることがうやむやにされるとき、何が起きるか。その答えが「はじめに」で述べた、「強制」と「過熱」である。

すなわち、グレーゾーンだからこそ、学校教育の一環であることを理由にして、生徒にも教員にも「強制」がはたらく。「自主的なのに強制される」のだ。そして、グレーゾーンだからこそ、活動に対する管理が行き届かずに、「過熱」が止まらない。「自主的だから過熱する」のだ。

グレーゾーンであることが放置されているということは、その無法地帯で起きていることが「見える化」されない、自覚化・言語化されないことを意味する。なるほど相も変わらず、大多数の教員も生徒も部活動はやって当たり前と考え、誰もグレーゾーンに踏み込もうとはしない。これでは、何も解決しない。

第2章

自主的だから過熱する

——盛り上がり、そして降りられなくなる

1 学校はトップアスリート養成機関？

学校の前を通りかかると、ときおり部活動の健闘を讃える垂れ幕や横断幕を見かける【図2-1】。

高校にもなると、進学校／中堅校／進路多様校を問わず、当たり前のように一つや二つは垂れ幕・横断幕がかかっている。とりわけ部活動に力を入れているような学校の場合には、校舎が隠れてしまうくらいに何本もの幕が飾られている。

私は仕事上、校舎のなかに入ることもしばしばある。すると、来賓用（兼教職員用）の玄関口や職員室・校長室の付近には、今度はトロフィーがたくさん並べられている。校舎のなかを巡らなくても、校長室に向かう経路のどこかには、トロフィーが並んだ棚を見つけることができる。

垂れ幕・横断幕やトロフィーは、その学校がいかに部活動に精を出しているかを示している。それは高校でいうところの進学校でも進路多様校でも誇示されていることから、程度の差こそあれ、どの学校においても部活動の成果は、外部に対してアピールすべきものであることがうかがえる。

他方で、街のなかを歩いていると、学習塾のアピールも目にとまる。正面玄関のガラス面に大々的に張り出されているのは、「☆☆大学××名 合格！」「△△高校□□名 合格！」といった進学実績である。

学習塾は、わかりやすい。その塾に入れば、そういった高校や大学への進学に向けて勉強することが、最優先のあるいは唯一無二の目的となる。看板に偽りなしだ。

だが、はたして学校はどうだろうか。垂れ幕・横断幕を見て、トロフィーの輝きに圧倒されると、学校という場はトップアスリートやプロの養成機関のように思えてくる。だが、誰もが知っているとおり、学校は勉強することを第一義とする場である。

もちろん部活動も学校教育の一環ではある。だけれども、それは教育課程外の付加的な活動であって、正規の活動ではない。正規の活動というのはつまり、教育課程内の授業のことである。

不思議なことに、学校では授業における勉強の成果が外部にアピールされることはほとんどない。模擬試験においてその学校の生徒が県内で1位をとろうが、学校全体の平均点が県内1位であろうが、それはまっ

図2−1　垂れ幕の例

たく誇示されないのだ。

このように部活動は、学校がトップアスリートの養成機関かと思わせるほどに、学校の内外にその成果がアピールされる。そしてその営みが、部活動の熱を高めることに貢献する。

2 東京オリンピックはもっと盛大に：勝つことに対して高まる期待

部活動の成果が誇らしげに宣伝されていることからわかるように、部活動はまずもって、教育的に価値のあるものとしてとらえられている。もし部活動が忌み嫌われるべき活動、恥ずべき活動であれば、けっして外部に宣伝されることはない。

今日の部活動では、現実にはむしろ多くの先生や生徒がそのポジティブな効果を感じ取っている。部活動は、プライスレスの意義ある活動である。

だからこそ、部活動は、歯止めがきかずに肥大化していく。プライスレスだからリミットレス、これが部活動の姿である。グレーゾーンに置かれた部活動は、学校教育の一環でありながらも、自主的な活動として位置づけられているために、明確な制度設計がない。部活動のこの位置づけが、部活動の拡大を許してしまう。

２０１６年の夏に私たちが熱狂した、あのリオデジャネイロオリンピック・パラリンピックの様子を思い起こしたい。

レスリング女子でオリンピック4連覇を期待されながらも、決勝戦で敗れた吉田沙保里選手は、試合直後に「銀メダルに終わってしまって申し訳ないです」と涙ながらに詫びた。他方、陸上競技男子4×100メートルリレーで銀メダルを獲得した日本の四選手は、会見では皆、2020年の東京オリンピックでは金メダルを目指すと語った。

いま私たちの胸の内に新たに沸き起こっているのは、次の2020年東京オリンピック・パラリンピックにおける日本選手への期待である。

競争原理のなかで私たちは、一つ成果をあげると、今度はそれ以上のものを目指したくなる。銅メダルをとれば次は銀メダルを、銀メダルをとれば次は金メダルをと、ハードルはあがっていく。きっとかつては銅メダルをとっただけでも皆が大喜びしていたのに、いつの間にか銅メダルでは満足できなくなっている。

私を含め視聴者やマスコミがさんざん期待やプレッシャーをかけておいて、そこで目標が達成されずに選手が「ごめんなさい」と言う姿を見て、途端に「十分にすばらしいよ」と励ます。よくよく考えてみると、「ごめんなさい」を言うべきなのは、私たち自身なのではないか。

3　理想と現実のギャップ

リオデジャネイロオリンピック・パラリンピックの喜と哀を観ていると、まさに学校の部活動の様子が思い起こされる。

興味深い調査結果がある。神奈川県が２０１３年度に実施した運動部活動に関する調査で、中学生、高校生、教員のそれぞれに、一週間における理想の活動日数と現実の活動日数を尋ねたものである。

たとえば、中学生において「６日以上」と回答した割合は、理想の活動日数では４６・１％、現実では７７・６％で、その差は約30ポイントある。そして中学生だけでなく、高校生、教員においても同様に、「６日以上」の割合は理想＜現実でかつその差はおおよそ30ポイントに達する。理想とする部活動の日数を、現実の日数が大きく上回っていることが、はっきりと見えてくる【図２－２】。

ただし、平日一日あたりの活動時間数についていうと、理想と現実の差はほとんど確認できない。つまり、一日の活動

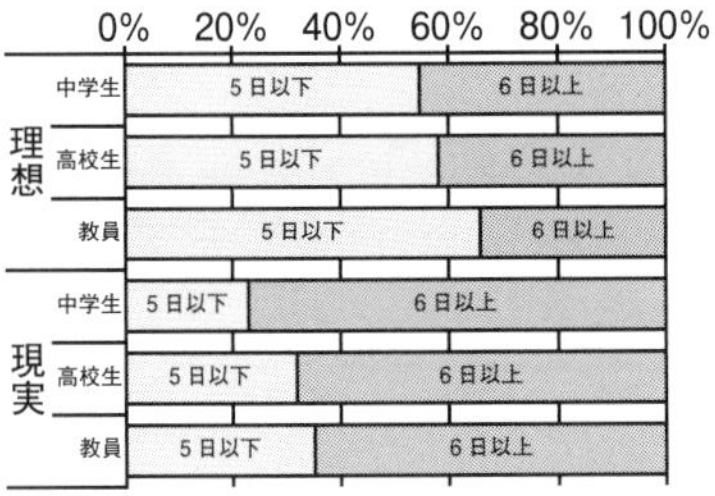

図２－２　一週間における活動日数の理想と現実（2013年度、神奈川県）

時間数は、中学生・高校生・教員のいずれもが適度であると感じている。「やるときはやる、だけど毎日は勘弁」というのが生徒にも先生にも共通する感覚のようである【図2−3】。

先生も生徒も、「本当はもう少し休んだほうがいい」と思いながらも、土日を含め毎日のように活動している。ここから見えてくるのは、先生も生徒も、お互いに首を絞め合っているのではないかということだ。

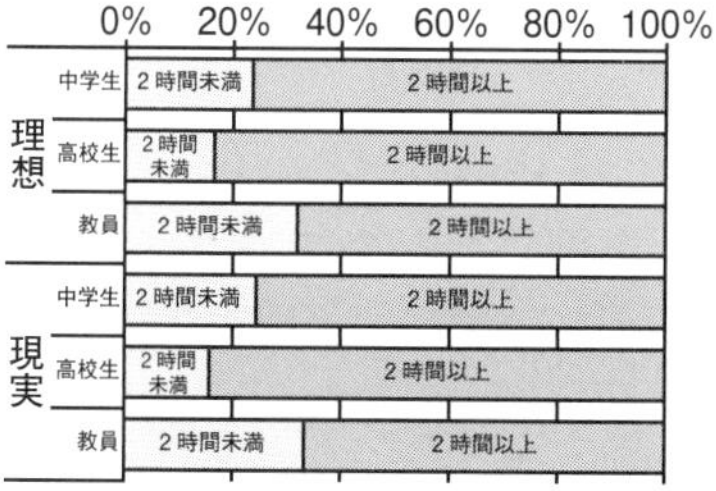

図2−3　平日における活動時間数の理想と現実（2013年度、神奈川県）

4　部活は麻薬

なぜ、休みが必要だとわかっていても、ブレーキがかからないのか。その答えを、とある先生の語りから考えてみたい。

意外に思われるだろうが、現在、部活動顧問の過重負担について声をあげている先生には、「部活動が大好きな（大好きだった）」人がけっこういる。けっして、部活動嫌いな先生たちではない。

ネット上で、「ブラック部活動」の問題を訴えている先生の一人は、私にこう教えてくれた。

A先生：じつは私には、部活動に燃えていた時期があるんです。けっこう多くの教員が通るんですよ、部活動に燃えていた時期。とっても楽しかったです。

内　田：え？　部活動が楽しかった？

A先生：帰りの会が長引くと、もう向こうで部員が集まってるんですよ。そうすると、早くそっちに行きたくて、イライラ、イライラする。そして、私なりに指導方法を勉強して頑張って教えれば、やっぱり勝つんですよ。そうすると、もっと勝ちたいみたいになる。中毒ですよ。

内　田：だんだんとハマっていくんですね。

A先生：だって、あれだけ生徒がついてくることって、中学校の学級経営でそれをやろうとしても難しいんですよ。でも、部活動だと、ちょっとした王様のような気持ちです。生徒は「はいっ！」って言って、自分についてくるし。そして、指導すればそれなりに勝ちますから、そうするとさらに力を入れたくなる。それで勝ち出すと、今度は保護者が私のことを崇拝してくるんですよ。「先生、飲み物どうですか～？」「お弁当どうですか～？」って。飲み会もタダ。「先生、いつもありがとうございます」って。快楽なんですよ、ホントに。土日つぶしてもいいかな、みたいな。麻薬、いや合法ドラッグですよ。

部活動に力を入れる→生徒が試合に勝つ→生徒さらには保護者からの信頼も得られる→さらに部活動に力を入れる→……こうした流れにより部活動の過熱に歯止めがかからなくなっていく。部活動はひとたび指導してみると、授業とは異なる生徒の姿に出会えて、「楽しい」。つまり、楽しいからハマるのだ。

この負の循環にふと気づいて立ち止まった先生たちがいま、部活動のあり方について、ネット上で声をあげているのである。

5　10年間で部活動の指導時間が突出して増加

２０１７年4月に公開された文部科学省による10年ぶりの「教員勤務実態調査」の結果（速報値）は、部活動の過熱ぶりを浮き彫りにした。

勤務時間全体についていうと、２００６～２０１６年度の間に、平日一日あたりでは小学校教諭で43分、中学校教諭で32分、休日一日あたりでは小学校教諭で49分、中学校教諭で１０９分も勤務時間が増えている。長時間労働が問題視されてきたなかでの、さらなる増大である。

だがここで注目したいのは、その内訳である。グラフを見るとわかるように、小中学校の各種業務内容のなかで、突出して増加したものがある――中学校の休日における「部活動・

クラブ活動」だ。休日の一日あたりで、64分もの増加である【図2-4】。教員の働き方改革のなかでも、部活動のあり方の改善は、最優先事項であると言える。

私たちは、人間である以上、努力して一つ上の段階へと進むことに魅力を感じる。そして、一つ上に到達すると、今度はそこから降りられなくなる。気がつけば、自分も周りも皆、「さらに上へ」を期待している。オリンピックにおいて、日本のトップアスリートに対する期待のハードルがどんどんとあがっていった状況とよく似ている。

競争原理が優先される世界では、ひとたびスイッチがオンになると、あとはヒートアップしていくばかりで、もうオフにはできない。それを主導するのは、

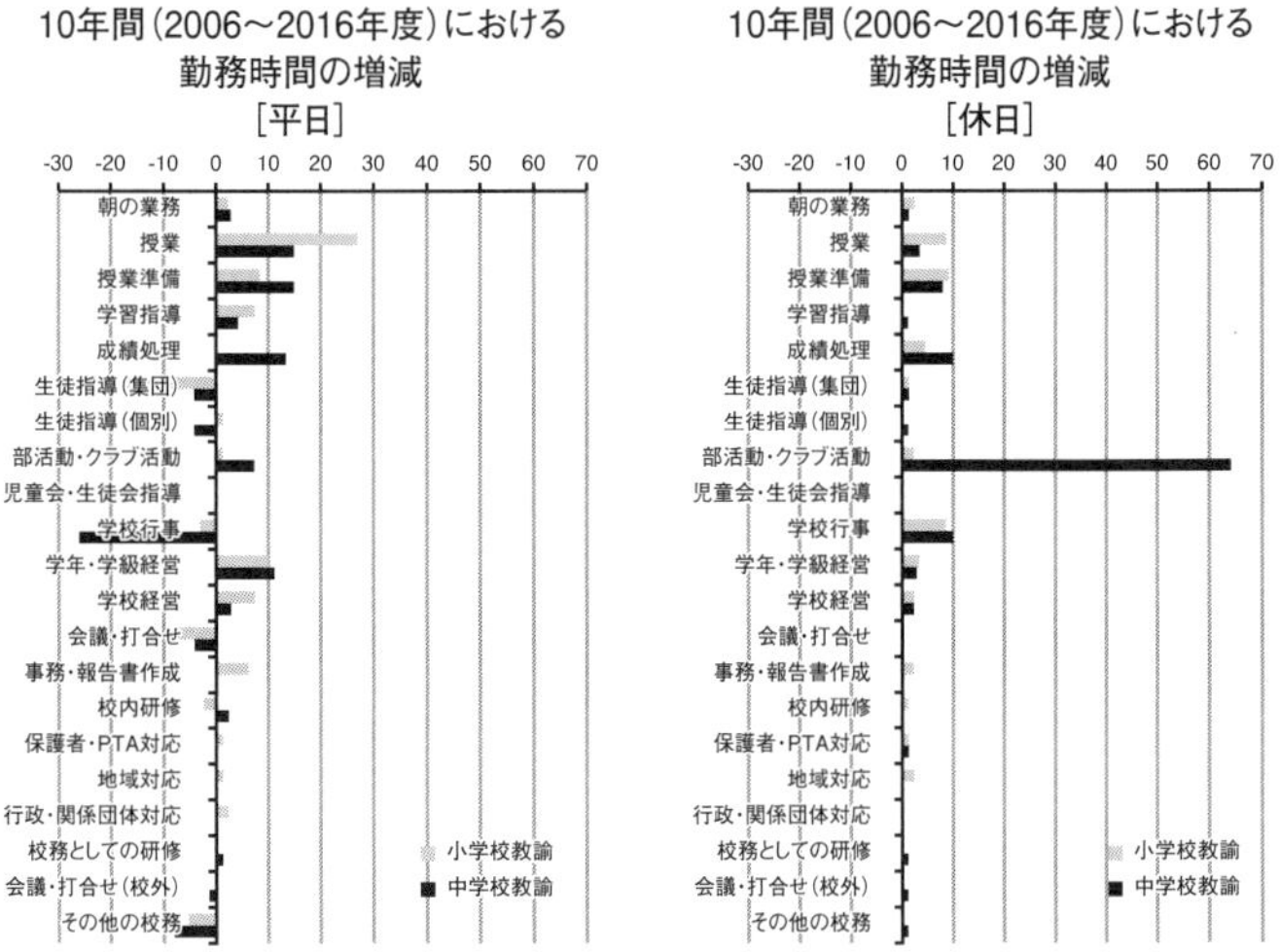

図2-4　各種業務における勤務時間の増減（平日／休日）

※文部科学省「教員勤務実態調査」の速報値（2017年4月公開）をもとに筆者が作図

先生でも生徒でも保護者でもない。誰かのせいというわけではなく、お互いに首を絞め合いながら、休みたいけれど、休めない状況が進んでいく。

学習指導要領に詳細が明記されている「授業」であれば、学校教育法施行規則によってその標準的な授業時数が定められている。たとえば中学校1年生の場合、国語は年間140時間が標準授業時数である【表2-1】。

仮に先生がどれほど授業を教えるのが楽しくても、あるいは生徒がもっと授業を受けたいと思っても、「来週からは、国語の時間を2倍にしましょう」とはならない。国語の具体的な時数が目安として示されていて、かつ他教科の授業時数との兼ね合いもあって、過熱しようがない。

時数だけではない。内容にも一定の歯止めがかかる。中学校の国語であれば、「話すこと・聞くこと」、「書くこと」、「読むこと」の3つの観点から、教えるべき目標や内容が記載されている。しかも教育のため

表2-1　中学校における各教科等の標準授業時数

区分		第1学年	第2学年	第3学年
各教科の授業時数	国語	140	140	105
	社会	105	105	140
	数学	140	105	140
	理科	105	140	140
	音楽	45	35	35
	美術	45	35	35
	保健体育	105	105	105
	技術・家庭	70	70	35
	外国語	140	140	140
特別の教科である道徳の授業時数		35	35	35
総合的な学習の時間の授業時数		50	70	70
特別活動の授業時数		35	35	35
総授業時数		1015	1015	1015

※学校教育法施行規則：平成29年3月31日文部科学省令第20号による。

の具体的な材料として教科書が使用される。

国語をはじめとする授業で教えられる教科は、具体的な時数や内容が定められているため、暴走に歯止めがかかる。

だが「部活動」はちがう。学校教育の一環でありながらも、学習指導要領上は「自主的」な活動に位置づけられているために、その具体的なあり方が何も強制されていない。グレーゾーンだからこそ、潜在的にはその活動の規模が際限なく拡大していく可能性がある。

6 組み体操の巨大化と部活動の過熱との共通点

部活動が過熱する仕組みは、この十数年の間に進んだ組み体操の巨大化と重なるところがある。

組み体操とは、複数の子どもたちが身体を組み合わせてさまざまなかたちを表現する運動をいう。厳密には、「2人以上で互いの力を利用し合って動く、動的な運動」を「組体操」とよび、「人間を2段、3段と積み上げて造形美を表現する、静的な運動」を「組立体操」とよぶ（荒木達雄、2016「組体操・組立体操の歴史と教育的価値」『体育科教育』64（5）：12–17）のだが、ここではマスコミの用法に従い「組み体操」とよぶことにする（文部科学省は「組体操」と表記している）。

運動会の華として知られるこの組み体操が、十数年の間に巨大化・高層化し、２０１４年に入ってからその危険性がネットやマスコミでたびたびとりあげられるようになった。私は火付け役の一人として、この問題にずっと関わってきた（詳しくは拙著『教育という病』光文社新書、２０１５）。

中学校では10段ピラミッドが、いくつかの学校で披露された【図2-5】。この場合、中学3年生だと高さは７ｍ、土台の最大負荷は２００kgに達する。それは極端だとしても、高さが４～５ｍ、負荷が１００kgを超えるような組み方は、珍しくない。ピラミッドもタワーも、より巨大で高い組み方がもてはやされ、それが小学校さらには幼稚園にまで拡がっている。

小学校における体育的活動中の負傷事故件数（部活動を除く）を見てみると、組み体操は、跳び箱とバスケットボールに次いで事故が多い。跳び箱やバ

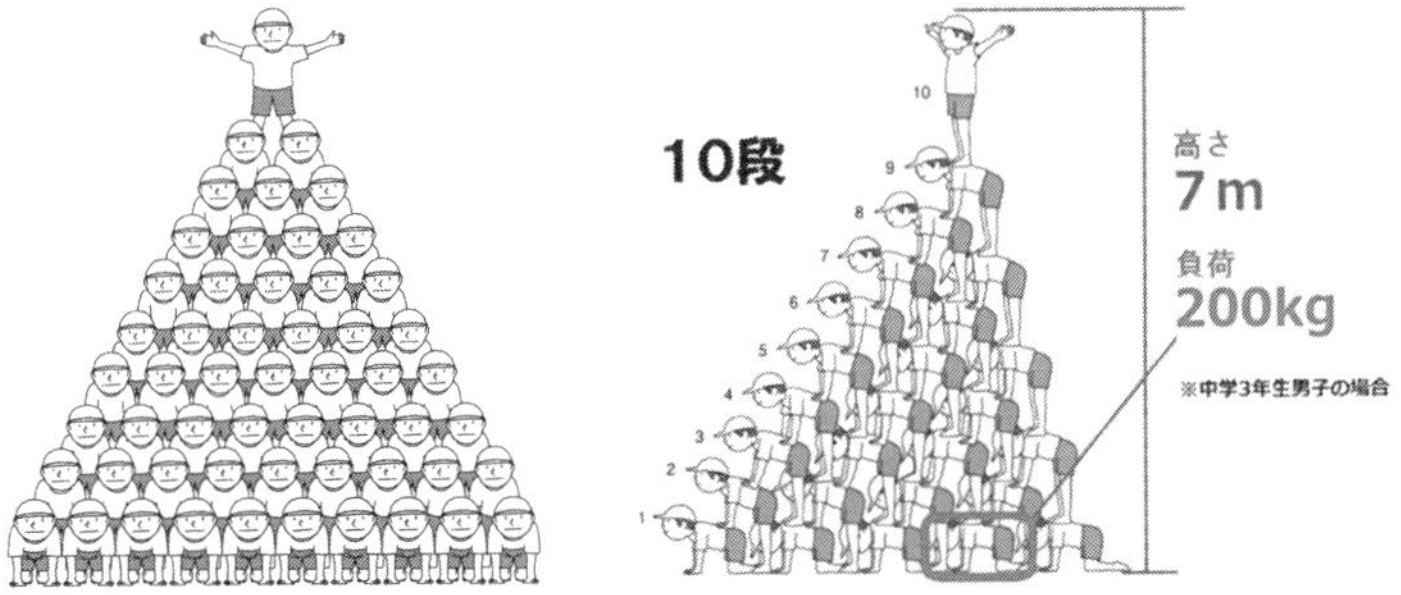

〈正面〉　〈横からの断面図〉

図2－5　10段ピラミッドの組み方

※拙著『教育という病』（光文社、2015）に掲載した図に筆者が加筆。

スケットボールは、全国の学校で複数の学年にまたがって実施されているのに対して、組み体操は6年生に特化されることが多く、また必ずしも全国でおこなわれているわけでもない。事故率としてみると、かなり高くなると推察される。

じつは組み体操は、そもそも学習指導要領に記載がない。戦後すぐの時点では記載があったものの、まもなくして学習指導要領から組み体操の文字は消え去った。さらにいうと運動会における競技種目の選定も、学習指導要領には記載がない。各学校がまったく独自に競技種目を選んでいる。

また、運動会は標準的な授業時数も定められていない。運動会は学習指導要領において、「特別活動」に含まれる。そのなかの「学校行事」に該当し、具体的には「健康安全・体育的行事」に位置づけられている。特別活動の標準授業時数は先述の表2-1にあるとおり、小学校では年間35時間（1年生のみ34時間）、中学校では年間35時間と明記されているが、この時数は「学級活動」に充てられるものである。

運動会というのは、本番当日もその練習日も、とくに何時間費やすべきかの指針は示されていない。その結果として、現実には運動会の練習は、体育の授業中におこなわれる。春や秋の運動会シーズン前には、しばしば特別時間割が組まれて体育の授業が多くなる。その分、運動会後には体育以外の授業が増える。

体育の授業では、体育としてやるべきことがあり、その内容は学習指導要領に記載されている。だから、運動会のための体育ではない。目指されるべきは、体育で学習したことが運動会で披露されるという流れである。だが現実には、運動会の練習が先にあって、その練習内容が体育で教えるべきことに関連づけられるかたちで運用されている。

このように学習指導要領上は、運動会はその内容も時数もとくに規定されることもなく、学校現場の裁量にまかされている。たしかに教科でもない運動会の内容にまで、いちいち国や教育委員会が口を出すべきではないだろう。学校現場が「自主的に」、運動会の内容を考えればよいはずだ。だが、そんなふうにして学校現場の自主性にまかせてきた結果、ここまで巨大でアクロバティックな組み体操が、できあがってしまったことに注目すべきである。

巨大な組み体操を披露すると、保護者や地域住民から盛大な拍手が送られる。子ども（一部を除く）も先生も、大きな満足感を得る。次の年、保護者、地域住民、子ども、先生のいずれにおいても、ハードルは一つあがってしまっている。

学習指導要領上にそのあり方が明記されているわけではないために、何らかの制約がかかることもなく、「次回はもっとよいものを」と高い目標が設定されて、巨大化・高層化が着々と進んでいくのだ。まるで、グレーゾーンに置かれて、「自主性」という名のもとに肥大化してきた部活動とよく似ているではないか。

7 自主的だから過熱する

運動部活動の研究をリードする中澤篤史氏（早稲田大学）は、その新刊『そろそろ、部活のこれからを話しませんか——未来のための部活講義』（大月書店、２０１７）において、部活動問題の核心には「自主性」という言葉があると指摘し、「確かに、『自主性』という言葉は魅力的だ。しかし、その反面で、危険な魔力も持ち合わせた、恐ろしいマジックワードでもある」（２２６頁）と述べる。

その危険な魔力とは、一つが「『自主性』それ自体は良いことなので、『自主性』と言われると、なかなか反対できない」ことであり、もう一つが「実際には強制されているにもかかわらず、『自主性』と言われてごまかされてしまうこと」（２２７-２２８頁）だという。

自主性は、大切なものとして尊重される。他方でそれは強制性を覆い隠す役割ももっている。それゆえ部活動は（さらには運動会の組み体操も）、強制性を伴いながらも、自主性という名のもとに肥大化してきたのである。

「自主性」というのは、なるほどマジックワードだ。自主性と言った途端に、その活動は美化され正当化される。

私自身、大学という教育機関に勤める立場として、学生の「自主性」には心奪われる。とくに私が指示したわけでもないのに、みずから本を読み、感想を伝えてくれる学生がたまにいる。これぞ学生の鑑だと、コメントにも熱が入る。

そうは言っても幸いにして私はそこまで教育熱心なタイプではない（悲しいかな、きっとそれが学生にも伝わってしまうのだろう）ので、学生にコメントを返してそこで終わりか、あるいはその後もほどほどのやりとりが続くだけだ。おそらくもっと熱心な大学教員のもとでは、返したコメントによって学生が意欲を高めてさらに自主的に学びを深め、それに教員が再び応じて……と毎回多くの時間を費やす無限のループへと入っていくのだろう。学習者の「自主性」は、教育においてとても魅力的であるがゆえに、歯止めがきかない。

以上、部活動が自主的であるがゆえに暴走し、そこで生徒も先生も「もっと休みたい」と思っていることが見えてきた。これは今後の部活動のあり方を考えるうえでの重大なヒントになる。その未来展望図は、後の第9章でじっくりと示すことにしたい。

8　部活動に全国大会がなかった頃

ところで、オリンピックの話題をきっかけに、部活動の過熱を指摘してきたけれども、じつは戦後すぐの部活動においては、全国大会さえなかったことは、ほとんど知られていない。

全国大会というと、個々の学校からすれば遠い話に聞こえるが、全国大会への道は、地区の予選会から始まっている。その意味では、ほとんどすべての部員は、全国大会への過程に組み込まれている。地区大会は、都道府県大会を経て、全国大会につながっていく。中学生であれば全国中学校体育大会（全中）、高校であれば全国高等学校総合体育大会（インターハイ）や全国高等学校野球選手権大会、全国高等学校総合文化祭という全国規模の大会が、夏休みの期間中に開催される（一部例外あり）。

だがこの日本社会において、かつて中学校の全国大会が「ない」時代があった。

1948年3月のこと、文部省（現在の文部科学省）は「学徒の対外試合について」という通達を発出した。当時、全国的に頻繁に開催されていた対外試合を受けてのことである。通達では、対外試合に通底するいわゆる勝利至上主義が、生徒の発達を妨げ、その自主的な活動を阻害し、さらには経済的な負担をも生み出す。簡単に言ってしまえば、子どもの教育にとって、勝敗を競う対外試合の拡大は望ましくないということが主張された（関春南、1970「戦後日本のスポーツ政策―オリンピック体制の確立」『一橋大学研究年報経済学研究』14：125-228頁）。

そして同通達で、文部省は各学校段階の対外試合のあり方を、小学校では校内にとどめる、中学校では校内に重点を置き、校外の場合は宿泊を要しない小範囲にとどめる、高校では地方大会に重点を置き、全国大会は年一回程度にとどめることが要請された。今日に比べてずいぶんと抑制がかかっていることがわかる。

しかしこうした対外試合の規制方針はその後、１９５２年のヘルシンキオリンピックにおける日本選手団の惨敗と、１９６４年の東京オリンピック開催のなかで、緩和することを余儀なくされていく。文部省は１９５４年、１９５７年、１９６１年……と通達を出して対外試合の規制を弱め、今日に至る原型ができあがっていったのである。

９　部活動が「評価」される：過熱の背景にあるもの

オリンピックを契機にして、徐々に部活動熱が高まっていった。その流れを決定的にしたのは、学校における部活動が「評価」の対象に据えられたことである。そのことを振り返るために、ここで学習指導要領と部活動の関係性の変遷を簡単に説明したい（詳細は拙著『教育という病』を参照）。

学校教育における部活動の位置づけは、学習指導要領とともに揺れ動いてきた【表２-２】。とくに大きな動きがあったのは、１９８９年の改訂である。このとき、クラブ活動は正規の教育課程として存在はしていたものの、部活動に参加する生徒については、それをクラブ活動の履修とみなす方針が採用された。いわゆる「部活動代替措置」である。

続く１９９０年代後半の学習指導要領の改訂（中学校：１９９８年、高校：１９９９年）

では、クラブ活動は学習指導要領から記載がなくなる。このとき部活動は、学校教育においてそれなりの存在意義をもっていながらも、クラブ活動との関連を失うことで、その立ち位置が不安定になった。

その不安定さを取り除くべく、2008年と2009年改訂の学習指導要領では、中学校と高校のいずれにおいても、その総則で、「学校教育の一環として、教育課程との関連が図られるよう留意すること」と、部活動と教育課程との関係性が明記されたのであった。

これは、2017年3月に改訂された中学校の学習指導要領においても同じ位置づけ（教育課程外だが、教育課程との関連性をもたせること）が示されており、おそらく2018年3月に改訂予定の高等学校学

表2－2　学習指導要領と部活動の位置づけの変遷

学習指導要領の改訂年／実施年度		1968／1971	1977／1980	1989／1992	1998／2002	2008／2011
小学校	教育課程	クラブ活動［必修、週1回］	クラブ活動［必修、適切な時間数］	クラブ活動［必修、適切な時間数］	クラブ活動［必修］	クラブ活動［必修］
	教育課程外	部活動（特設クラブ活動）	部活動（特設クラブ活動）	部活動（特設クラブ活動）	部活動（特設クラブ活動）	部活動（特設クラブ活動）
学習指導要領の改訂年／実施年度	中学校	1969／1972	1977／1981	1989／1993	1998／2002	2008／2012
	高校	1970／1973	1978／1982	1989／1994	1999／2003	2009／2013
中学校・高校	教育課程	クラブ活動［必修、適切な時間数］	クラブ活動［必修、適切な時間数］	クラブ活動［必修、適切な時間数］↑代替部活動	—	—
	教育課程外	部活動	部活動		部活動	部活動［教育課程との関連づけ］

※関喜比古の論考（関喜比古、2009、「問われている部活動のあり方─新学習指導要領における部活動の位置付け」『立法と調査』No.294：51-59）に示された図を参考に、筆者が作成。

習指導要領においても同じ位置づけが示されると推測される。このように部活動は、歴史のなかでその位置づけを大きく変えながらも、今日、学校教育の一環としての立ち位置を確保しているように見える。

さて、ここで注目したいのが１９８９年の改訂である。この改訂で、いわゆる「部活動代替措置」により、部活動は学校教育において明確な存在意義をもつこととなった。そしてさらにこの改訂が、臨時教育審議会（１９８４～１９８７年、内閣総理大臣の私的諮問機関）が打ち出した「個性重視の原則」を踏まえたものであったことによって、部活動の存在意義はいっそう高まることとなった。

というのもこのとき、従来の学力試験とは異なる子どもの能力＝個性が、新たな評価軸として据えられることになった。その新たな評価の対象として、真っ先に名乗りをあげたのが、「部活動」だったのである。なるほど、学校教育が担ってきた諸々の活動や取り組みのなかで、従来の教科の学力試験以外でいったい何が評価の対象になりうるかといえば、その筆頭は部活動である。

当時、中央教育審議会（１９５２年～、文部（科学）大臣の諮問機関）や文部省（当時）は、従来の学力試験とは異なるかたちで子どもの多様な能力を評価すべく、次々と新たな方針を打ち出していった。それと同時に多様な能力による入学を可能とする推薦入試の規模も拡大していった（詳しくは、神谷拓、２０１５『運動部活動の教育学入門』大修館書店を参照。本書には、部活動と入試の変遷について、詳細な説明が展開されている）。

部活動が「評価」の対象になったことが、生徒にもたらした影響はきわめて大きい。部活動で競争に勝ち抜くことが、学校生活において重要な意味をもつようになり、さらにはそれが入試を通じて、自分の人生を大きく左右する。これが、部活動を過熱の一途へと導いたのである。

この流れに巻き込まれたのは、生徒だけではない。保護者も同様だ。子どもが部活動をやめたいと言ったとき、それを尊重したいけれども入試のことを考えて思いとどまらせたという話は、山ほどある。だが、詳細は第7章にて言及するとして、ここでは「そこまで心配する必要はない」とだけ述べておくことにする。

顧問教員も同じく、そのプレッシャーにさらされる。自分の部活動が試合に参加しそこで「勝つ」ことが、特別な意味をもつ。部活動で活躍する教員は、職員室のなかだけでなく、生徒からも保護者からも高い信頼を得るようになる。なお付言しておきたいのは、次の第3章で指摘するとおり、学校教育において「勝つ」ための部活動運営が声高に叫ばれることはない。勝つことへの執着は、見えないかたちで深まる。

部活動は、1990年頃から、学校教育における「評価」の対象に昇格した。部活動で「勝つ」ことが、求められるようになった。これに、生徒と保護者、教員が翻弄されていく。グレーゾーンにおかれた部活動において、この過熱は抑制されえない。その結果がいま、皆で首を絞め合いながら、平日も遅くまで、土日も休みなく、部活動に取り組むことになっている。部活動を評価の対象からはずすということ、すなわち部活動から競争を切り離すということが、過熱した部活動を変えていくための必須の方法となる。

第３章

自主的なのに強制される

——矛盾に巻き込まれ、苦悩する

1 大きな勘違い

中学校に勤める40代の先生が、部活動顧問の負担に関心をもったきっかけは、本書でもたびたび登場する真由子先生のブログに出会ってからのことだ。

部活動のあり方をめぐって保護者とトラブルになったときに、ふと電車のなかで「部活動」とネット検索したところ、真由子先生のブログが上位にあがってきた。真由子先生のブログ名は「公立中学校　部活動の顧問制度は絶対に違法だ!!」。２０１３年3月に開設された、部活動改革の原点あるいは聖地と言ってよいブログだ。「顧問制度が違法」というタイトルを見て驚き、さらにその記事を見て目から鱗が落ちたという。

その先生は、「部活動を指導しなくてもいいなんて、教員生活のなかで考えたこともなかった」とそのときの驚きを表現する。「恥ずかしながら、部活動が教育課程外ということを知らなかったんです。やるのが当たり前。初任のときからずっと、年度初めに職員会議で部活動の顧問担当が示されて、それを受けて、何も疑うことなく指導にあたってきた」と、これまでを振り返る。

たしかに、早いと年が明けて人事異動の希望聴取が始まる頃から、顧問担当を希望する部活動名も聴取される。もちろんここでは、部活動顧問を担当しないという選択肢はない。そして、4月最初の職員会議で、顧問担当一覧表が配付される。担当する部活動が希望どおりではないという意見は出ても、顧問の担当そのものをはずしてほしいという訴えは起きない。

そういえばTwitterで、部活動顧問を辞退する先生たちを快く思わない先生が、「部活動を担当しない教員は、給料を減らせ！」と憤っていた。その理由は、「教育課程内の活動なんだからやるのが当然で、それをやらない奴は給料を減らすしかない」ということであった。

もちろんそれは、大きな勘違いである。部活動は教育課程外の活動であるから、そもそも教育課程内のものではないし、それゆえ給料が減らされるという理屈もとおらない。

そして先生だけでなく、生徒にとっても、部活動が自主的なものという原理が当てはまる。それは基本的にいまもむかしも変わらない。したがって本当は、入学後に、加入する部活動の希望調査をとる時点で、入部する／しないが選択可能となっていなければならない。

2　生徒の強制入部

運動部活動研究のバイブルとも言える中澤篤史氏の『運動部活動の戦後と現在』（青弓社、2014）は、日本の部活動の理念である「子どもの自主性」が、スポーツと学校教育の強い結びつきを分析するための鍵であると述べる。

まさに学習指導要領には、部活動は「生徒の自主的、自発的な参加により行われる」（中学校学習指導要領、高等学校学習指導要領）と記されている。生徒はみずからの意志で部活動に参加している（ことになっている）。

しかしながら現実には、その自主的な活動であるはずのものが、実際には生徒全員の強制加入となっている場合が少なくない。

中澤氏らが実施した調査によると、２００８年の時点で部活動の参加を生徒に義務付けている学校が、岩手県では99・１％を占めている。県内ほぼすべての中学校で、全員が強制的に部活動に加入していることになる。そして岩手県ほどではないにしても、静岡県では54・１％、香川県では50・０％で、半数を超えている【表3-1】。

他方で東京都は、８・９％とかなり少ない。だがここで問題なのは、自主的なものが強制

表３−１　生徒の部活動加入を義務付けている中学校の割合

	義務付けている		義務付けていない		合計
全体	284	38.4%	456	61.6%	740
岩手県	114	99.1%	1	0.9%	115
東京都	16	8.9%	163	91.1%	179
新潟県	40	36.0%	71	64.0%	111
静岡県	60	54.1%	51	45.9%	111
奈良県	8	21.6%	29	78.4%	37
山口県	24	40.0%	36	60.0%	60
香川県	16	50.0%	16	50.0%	32
鹿児島県	6	6.3%	89	93.7%	95

出典：中澤篤史・西島央・矢野博之・熊谷信司、2008、「中学校部活動の指導・運営の現状と次期指導要領に向けた課題に関する教育社会学的研究」『東京大学大学院教育学研究科紀要』48：317-337。

されている点である。だから、8・9％と割合が少ないとはいえ、そうした強制入部の学校があるということ自体が問題である。自主的な活動であるからには、原則すべての学校において強制入部は「0％」であるべきだ。

ただし、現実には義務づけられていなくても、ほとんどすべての中高生が部活動に所属している。スポーツ庁が2016年度に全国体力テストに合わせて実施した調査によると、中学校において男子は運動部に78・2％、文化部に8・2％、女子は運動部に57・7％、文化部に32・5％が所属している【図3-1】。男女ともに約9割の加入率である。学校側が義務づけていなくても、加入せざるをえないという感覚が多くの生徒に共有されていると推察される。

なお、かつての部活動の参加率は、今日よりもかなり低かった。中澤氏の整理によると、運

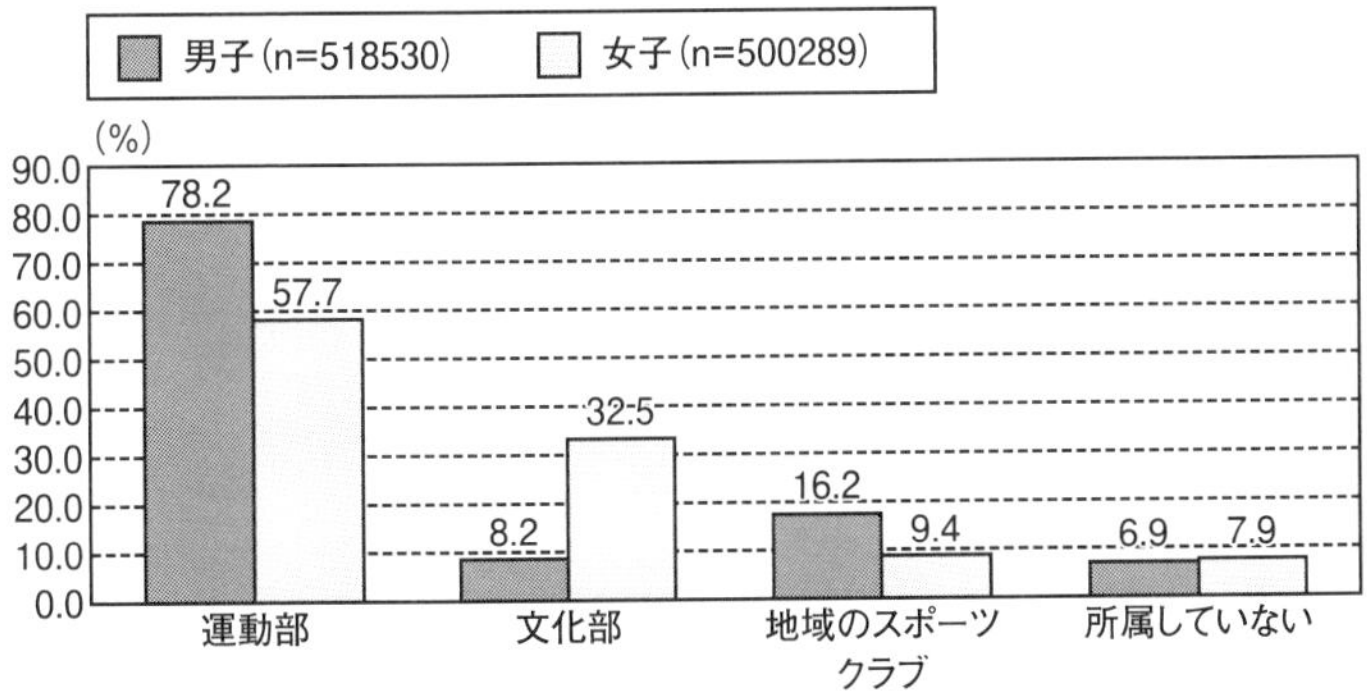

図3-1　部活動の加入状況（2016年度）

出典：スポーツ庁、2017、「運動部活動に関する調査結果の概要に係る基礎集計データ」

※重複回答であるが、全体の合計値から計算すると、重複回答は1割弱である。とくに部活動と地域のスポーツクラブとの重複があると推察される。

動部活動に関して、1955年時点での参加率は、中学校が46・0％（男子51・2％、女子39・9％）、高校が33・8％（男子41・1％、女子22・9％）、1977年時点では中学校が60・9％（男子65・3％、女子56・1％）、高校が38・8％（男子44・9％、女子32・2％）であった【図3-2】。部活動に入るべきという圧力は相対的に小さかったと考えられる。

さて今日、部活動に大多数の生徒が加入せざるをえないとは言うものの、多くの生徒は、部活動の時間を楽しんでいるものと察せられる。そのことは積極的に評価されるべきである。ただし、そのことと部活動に加入するのが当たり前になっている空気感とは切り離して考えなければならない。ここまで高い加入率は、部活動に入るのが当たり前になっている学校文化の実態を示しているものと考えたい。

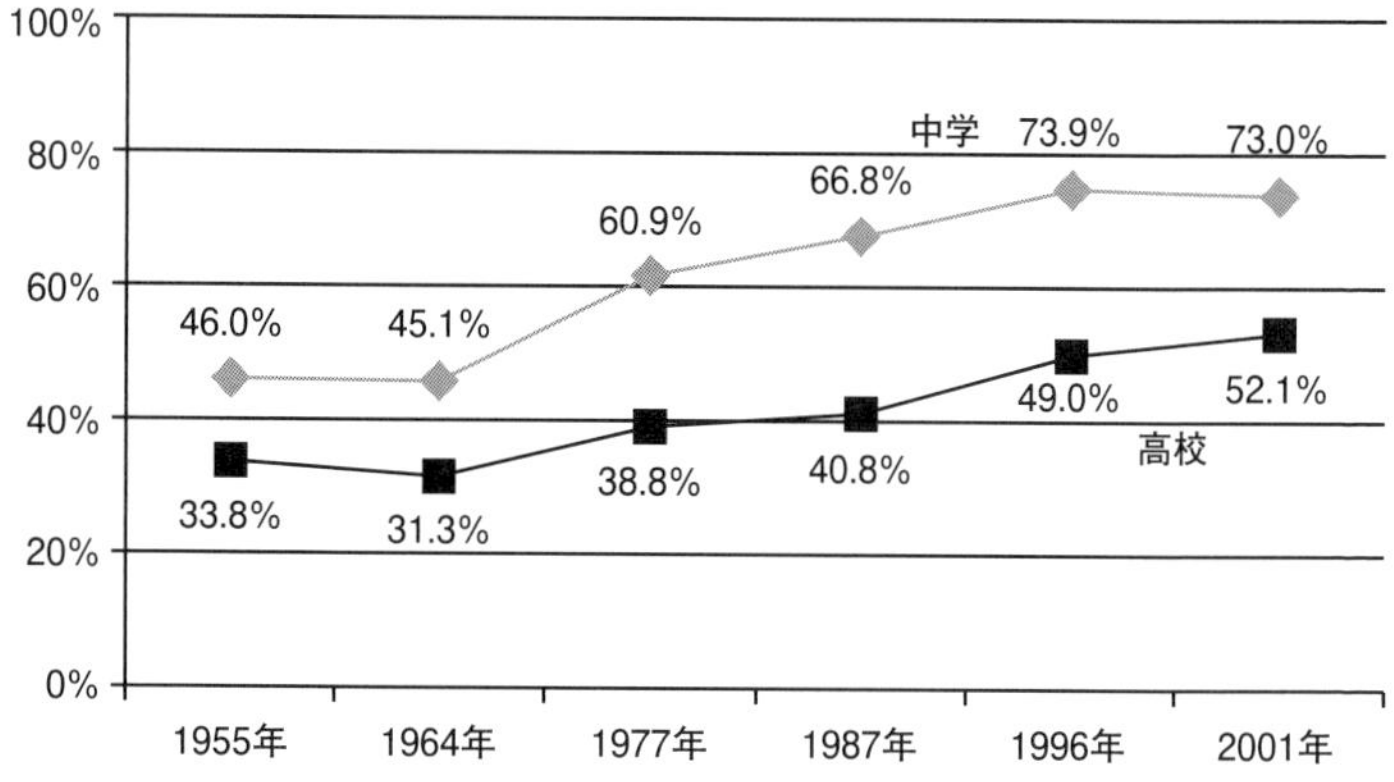

図3－2　中学校・高校における運動部活動の加入率の推移

※中澤篤史『運動部活動の戦後と現在』（青弓社）より転載。

というのも、大学に入ると、部活動に入る学生は激減する。九州大学における2015年6月の調査では、体育の授業に参加した1年生のなかで、高校時代に運動部に所属していた535名のうち、大学でも運動部に所属しているのは209名（39・1％）である。大学に入った時点で、約6割は運動部から離脱している（須﨑康臣・入部祐郁・杉山佳生・斉藤篤司、2016「大学における運動部の実態調査」『健康科学』第38巻：33-41頁）。

同様に、関東圏の4大学（千葉大学、帝京大学、青山学院大学、東京工芸大学）で2002年7月に1年生を対象に実施された調査（有効回答数604）でも、高校時代に運動部に所属していた者のうち30・9％が、大学に入ってからも運動部に加入したという。ここでは約7割の離脱が認められる（浪越一喜・藤井和彦・谷藤千香・井﨑美代、2003「運動部活動経験が大学生のスポーツ生活に与える影響」『千葉大学教育学部研究紀要』第51巻：129-136頁）。

大学の部活動は、特別な事情を除けば、強制性はまったくないと言ってよい。つまり、部活動をするという「当たり前」が成立していないのだ。そうなると、高校では運動部に所属していたものの、大学に入学するや半数以上が運動部から離脱していく。もちろんここには、その他の要因も考えられるだろうが、いずれにしてもこうも多くの大学生が、簡単に部活動から降りていくことは、その裏返しとして中高では部活動加入が当たり前の空気になっていることを指し示している。

3 部活動指導は教員の仕事なのか?

理念上の部活動は、「自主的な活動」である。これは、生徒だけに当てはまることではない。部活動の顧問教員もまた、自主的に顧問を担当していることになっている。

ただし、先述した先生がそうであるように、「部活動指導が自主的なものだったとは、知りませんでした」と答える先生は少なくない。というのも、多くの学校において「全員顧問」というかたちで、教員は自分の意志に関係なく顧問を担当させられることが通例になっているからである。

実際に2016年度のスポーツ庁による全国調査では、じつに87・5%の中学校で教員全員による指導体制がとられている。希望制としているのは、たったの5・3%である【図3-3】。教員に部活動指導をするかしないかの選択の余地はほとんどないというのが実情だ。

全員顧問制度については第4章で詳述するとして、ここでは部活動指導が教員の仕事なのかについて考えたい。以下の主張は、第5章を精読した後のほうがよりよく理解できるのだが、ここでは、部活動指導が教員に強制されるものではないことを説明する。

まずもって、勤務時間外においては、これはどう理屈をこねても、部活動指導を教員に命じることはできない。教員は法制度上において、勤務時間外の職務ができない、つまり残業ができない仕組みになっている。土日はもちろんのこと、平日の夕刻を含めて、勤務時間外の部活動指導を教員全員に強制することはできない。

そして、実質的には部活動の活動時間の大部分が勤務時間を超えておこなわれているからには、部活動の指導を教員に命令することはできない。これが、私の見解である。

ただし細かい話として、じつは全国のなかでもごく少数であると思われるが、部活動指導を教員の「職務」として正式に位置づけている自治体がある。職務というのはつまり、校長により命令された業務ということである。もちろんこれは、勤務時間内の話であって、勤務時間外ではない。上述のとおり勤務時間外の職務命令は、そもそも不可能である。

理屈としては、「学校教育の一環なのだから」ということで、勤務時間内であれば部活動指導を命令することは不可能ではない。しかしながら、そのためにはかなり無理矢理な指導状況を想定しなければならない。

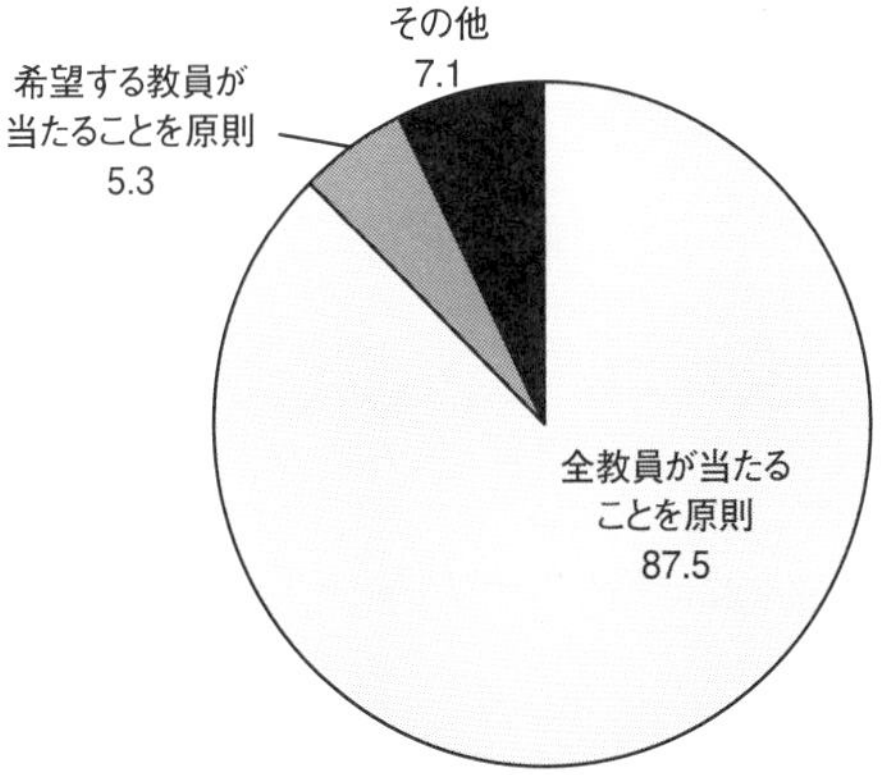

図3－3　全員顧問制をとっている中学校の割合
（2016年度）

4 実現不可能な職務命令

今日の学校の授業を前提にしたとき、中学校も高校もいずれも、その日のすべての授業を経てショートホームルーム（またはホームルーム、帰りの会）が終わるのが16時前後だ。だが、教員の所定勤務時間の終了時刻は、全国的におおよそ16時45分前後である。

中学校では一般に、教員は「給食・昼食」や「昼休み」の時間帯はできるだけ生徒とともに時間を過ごすことが求められるため、お昼は業務上の「休憩時間」に当たらず、勤務終了時刻前に45分間の「休憩時間」が設けられる。たとえば15時45分までが勤務でそこから16時30分までが休憩、そして16時30分から16時45分までが再び勤務となる（労働基準法により休憩は勤務時間の途中に設定されなければならない）。あるいはお昼に20分と勤務終了直前に25分といったかたちで、45分間の休憩時間が2つに分割されて設けられることもある。なお高校の場合は、お昼の時間帯に45分間の休憩が設けられることが多いようである。

ここでさらに考慮しなければならないのは、先述のとおり、法制度上、教員は勤務時間外には職務を命令されない（先生が夜遅くまで働いているのはじつは、自分が勝手にそうしているだけということになっている）。そうすると、ショートホームルームを終えてから（16時前後）の休憩時間に勤務を命令することはもちろんできないし、勤務終了時刻（16時45分前後）を越えて残業を命じることもできない。

こうなると学校によってはもはや15分程度しか部活動指導に費やせなくなる。あるいはせいぜい時間をとれたとしても、30分〜40分程度である。仮に部活動が、生徒たちの自主性により18時過ぎまで続くとしても、最初の少しだけ面倒をみて「あとは知りません」ということになる。所定勤務時間内であれば、部活動を職務命令することは不可能ではない。だが命令したところで、数十分でその責務は終了してしまう。

しかも、さらに厄介なことがある。ショートホームルームが終わってから勤務終了時刻までの間に、他の優先されるべき業務は一切ないのかということだ。現実には、さまざまな校務や会議、授業準備等がある。

このことは、部活動だけではなく教員の働き方を考えるうえでも、とても重要な考え方である。すなわち、仕事の優先順位は何か、ということだ。

まず、会議がある場合には、それを優先せざるをえない。勤務時間内の部活動は確実に指導できなくなる。そして諸々の校務のうち、部活動の指導はもっとも後回しにすべき業務である。なぜなら、生徒にとっては、部活動指導は教育課程外のものであるため、たとえば、会議はもちろんのこと、翌日の授業準備や、学校行事の準備など、こういった教育課程内に関わる業務のほうが、部活動指導よりも優先されなければならない。このように考えると、理屈として勤務時間内において部活動を職務命令することは可能であるが、その理屈はもはや実現不可能な主張であると言える。

この仕事の優先順位というものを考えると、これは仮にショートホームルームがもっと早く14時に終わっても同じである。教員は、会議を含む校務や、教育課程内に関わる業務を最優先にして、所定勤務時間内に仕事を終わらせなければならない。部活動の指導は、それでも所定勤務時間に余裕があるときにはじめて、職務命令の可能性が検討されるべきものである。そして第5章でも触れるように、教員は現在そもそも慢性的に過重労働状態にあり、勤務時間に余裕があるということはほとんどありえない。

以上から、私の見解を改めてここに記しておきたい。すなわち、「勤務時間の内外を問わず、教員には部活動指導を職務として命令することはできない」。

5 「居場所」の論理と「競争」の論理：部活動の存在意義は「機会保障」にある

部活動が生徒の自主的な活動により成り立つとしても、そこに教員という大人の意志が介在するからには、その中身はまったくの自由な活動ということにはならない。つまり、部活動はつねに、教員の管理のもとで、何らかの意図的な論理に沿って展開される。

ここで、部活動について考えるための基礎的な視座として、私たちが念頭に置いておくべきは、部活動には「居場所」の論理と「競争」の論理があるということである。これは、部活動の過去・現在・未来を考えるうえで、鍵となる観点である。

スポーツ倫理学を専門とする友添秀則氏（早稲田大学）は、運動部活動を「教育」の論理と「競技」の論理から整理し、今日の運動部活動は「競技の論理が教育の論理を押し切ってきた過程」の上に成り立っていると指摘する（友添秀則、2016「これから求められる運動部活動とは」『運動部活動の理論と実践』大修館書店）。

ここでいう教育の論理とは、友添氏の言葉をそのまま借りれば、「教科の活動では得られない生徒の自治能力や主体性を涵養する場と考える」立場を指し、競技の論理とは「運動部を選手養成の場ととらえる」立場を指す。

友添氏の主張を基本的に踏襲しつつ、私は本書の主張をより直接的に示す表現として、「居場所」の論理と「競争」の論理という対比を用いたい。

居場所の論理とは、まずもって私が部活動のもっとも重要な存在意義であると考える「機会保障」を意識した言葉である。「機会保障」とはすなわち、放課後に授業以外の活動として、付加的なかたちでスポーツや文化活動の機会が、生徒に低額で提供されることを指す。この「低額」というのは結局、教員の不払い労働によって成り立っているのだが、そのことを除けば、生徒が学校の授業以外のところで、こうした公共サービスを受けられるということ自体は、とても意義深い。世界的にもここまで、放課後のスポーツや文化活動の機会保障が進んでいる国は珍しい。

居場所の論理は、最低限の機会を保障することに目的がある。機会が保障されているだけであるから、全員が参加を義務づけられるものではない。また、連日にわたって練習や試合がおこなわれるということもない。

居場所の論理ではもちろん、教育的関心から子どもの心身の発達や社会性の育成が重視される。ただし、あえてこれを「教育」の論理と呼ばないのは、「教育」の意味を拡大解釈して、競争に勝つために土日を費やして練習させることも、さらには身体的暴力を振るうことさえも「教育」「指導」と称されてきた現実があるためだ。

そして、競争の論理では、強化選手の育成や試合に勝つことの優先度が高い。居場所の論理においても、試合やコンクールはあってもよい。競争してこそ、当のスポーツや文化活動をいっそう楽しめるというものだ。だが、居場所の論理ではその比重がかなり小さい。

いっぽうで、競争の論理では、試合（や練習試合）をたくさんこなすこと、そのために土日までを費やすことが厭われない。ただし、競争の論理であっても週2日の休養は必要だ。連日、練習を長時間やれば強くなるといった発想は時代遅れである。

なお、「競技」の論理ではなく、「競争」の論理と表現した理由は、「競技」は基本的に運動部を想定した表現だからである。本書の射程には、運動部だけでなく文化部も入っている。文化部を含む場合には、コンクール等を含めた「競争」のほうが適当であると考える。

6　競争の論理の見えにくさ

部活動の歴史とは、居場所の論理が衰退し、競争の論理が台頭していく歴史であった。しかしながら厄介なのは、顧問は競争して勝つことを表だっては重視しているわけではない点である。

神奈川県教育委員会が2013年度に実施した調査（「中学校・高等学校生徒のスポーツ活動に関する調査報告書」2014）では、中学校と高校の教員が考える運動部活動の意義が明らかになっている。それによると、部活動の意義として掲げた計12項目について、意義の大きさを調べたところ「そう思う」がもっとも多かったのは、「体力を維持・向上できる」の71・6％で、2番目が「クラスや学年を越えた友人ができる」の66・7％、3番目が「スポーツそのものを楽しめる」の49・4％であった。「勝つよろこびを味わえる」は32・4％で、上から7番目であった【表3-2】。

上位の項目は、競争の論理とはまるで遠いところにある内容ばかりである。しかし、すでに第2章の図2-2で見たように、同じ調査において部活動の活動日数が一週間あたり6日以上は、中学生で77・6％、高校生で68・8％にまで達している。

もし勝つことの重みがけっして大きくないのだとすれば、なぜ平日の早朝や土日に、生徒を部活動に駆り立てなければならないのか。そもそも教育的な目的を重視するのであれば、ただでさえ一日に2~3時間を費やすわけだから、週に3日もあれば十分にも思える。結局のところ、居場所あるいは教育の論理を隠れ蓑にした競争の論理のもとでの部活動である。

居場所の論理で部活動を展開していくこと。これからの部活動を考えていくうえでは、この論理をしっかり押さえておいてほしい。

表3-2　運動部活動の意義（神奈川県、2013年度）

	運動部活動の意義	そう思う	ややそう思う	どちらでもない	あまりそう思わない	そう思わない	回答者数
1	体力を維持・向上できる	71.6%	23.2%	3.5%	1.3%	0.5%	1410
2	クラスや学年を越えた友人ができる	66.7%	27.7%	4.4%	0.6%	0.5%	1410
3	スポーツそのものを楽しめる	49.4%	39.6%	8.4%	1.9%	0.8%	1410
4	スポーツマンシップが身につく	47.5%	38.2%	9.9%	3.5%	0.9%	1409
5	技術やルールの基本がしっかり身につく	46.6%	43.1%	8.0%	2.0%	0.4%	1411
6	顧問の先生や外部指導者（地域指導者）と、お互いを理解し合うのに役立つ	36.4%	42.5%	15.9%	4.1%	1.1%	1409
7	勝つよろこびを味わえる	32.4%	42.4%	18.1%	5.6%	1.5%	1408
8	他校の生徒とも一緒に運動し、お互いを理解し合うのに役立つ	31.5%	40.7%	20.9%	5.6%	1.3%	1411
9	生活が楽しく豊かになる	30.8%	42.7%	20.6%	4.6%	1.3%	1410
10	スポーツ大会で活用できる指導力（リーダーシップ）が身につく	22.5%	42.7%	26.7%	6.6%	1.6%	1409
11	進学に役立つ	8.8%	26.8%	38.3%	15.6%	10.5%	1401
12	将来プロ・スポーツの選手になれる	4.1%	6.0%	26.6%	28.9%	34.4%	1407

※神奈川県教育委員会「中学校・高等学校生徒のスポーツ活動に関する調査報告書」に掲載されている表を一部簡略化し、さらに「そう思う」が多い順に上から並べ直した。

COLUMN

「Twitter発、世間を動かした「部活動の正論」

中学校教諭　部活問題対策プロジェクト　ゆうけん

部活動のあり方はおかしい！　そう確信したのは、部活動指導に悩む中で真由子さんのブログに出会ったことがきっかけだ。絶対に間違っているから、変えていかねばならない。自分や生徒たちの人生にも関わる問題だ。もっといえば日本のブラック労働の根源になっていると思う。しかし、簡単には学校は変えられない。学校の中はすごく保守的だからだ。だが、一度クレームがあれば変わらざるを得ないのも学校である。ならば、外から圧力をかけて変えてやればいい。そこで私は「部活にまつわる世論から変えていこう」と考えた。

まずは部活の問題を訴えるブログを始めた。しかしアクセスは思うように伸びない。これでは世論を変えるどころではない。ならばと、ブログの宣伝目的でTwitterを始めた。学校や教育に関連するアカウントをフォローしまくり、部活の問題に関してひたすらツイート、リツイートしまくった。当時は部活問題に関するアカウントはほとんどなかったが、徐々にフォロワーは増え、ブログのアクセスも伸びていった。同時に部活問題に注目するアカウントも徐々に増え、ブログの宣伝目的で始めたTwitterも、徐々にそちらの活動がメインになっていった。

そうした理解者拡大の手応えの中で確信したことがあった。それは「自分たちの訴えている内容は正論である」ということだ。正論であるからこそ、きちんと聞いてくれた人は理解者になっていくのだ。ならば、もっともっと多くの人に声が届けば、もっともっと多くの理解者が増えるはずである。そして、いつか世論さえも動かせるはずだと信じるようになった。

そう信じて部活問題の拡散活動を続けていった結果、現在の通りである。部活問題対策プロジェクトのメンバーとの出会いから、ネットによる署名活動につながり、各種メディアの報道を経て、世論を動かし、ついには国会議員や文部科学省までも動かすところに行きついたのだ。

この成果はTwitterなどのインターネットツールをうまく活用できた例といえるが、成功の秘訣は活用テクニックだけではないと思っている。やはり、そこに「筋の通らない大きな間違いがあったから」なのだ。おかしなことは正論には敵わないのだ。

私は、かつては顧問をやらないなんてできるはずもないと思っていた。やって当然だとも思っていた。しかし、今はそう思わない。当然のように部活顧問をもたされることはおかしいからだ。法的な根拠もない。単なる慣習でしかない。生徒を強制的に入部させることもおかしい。時に生徒さえも苦しめ、教員の勤務を圧迫する存在にさえなっている。

昔から続いてきたことや、大多数がやっていることが正しいとは限らない。おかしいと感じたら立ち止まり、疑うべきである。部活問題が大きく注目されるようになった今こそ、教育活動全体の歪みを洗い出し、あるべき姿へと修正していく時期だと思う。

第４章

強いられる「全員顧問」の苦しみ

1 土日も出勤：「早く負けてほしい」

部活動の顧問にとって苦しいのは、朝練や夕方の練習を含む日々の時間外勤務に加えて、土日に時間を奪われることだ。

表4-1は、中学校に勤務するB先生の、一ヶ月の勤務実態である。表に示したのは一年のなかでとくに忙しい月の実態であるが、他の月も土日のうち一日は確実に部活動指導に費やし、残る一日もしばしば部活動関連で出勤となる。後述するとおり、平日の部活動指導はいっさい残業代も何も支払われないし、土日も4時間以上の指導でやっと3千円程度（交通費や弁当代等含む）の手当がもらえるだけだ。

土日の部活動が本人にとって自発的な趣味だというなら、救いがある。だがその先生は、まったくやりたくもないのに土日に家を出て、ごくわずかな手当だけで丸一日仕事をして、代休がとれるわけでもなくまた月曜日がやってくる。これで心身ともに疲れないほうがおかしい。

ある別の先生は、部活動の盛りである7月の土曜日に開かれた

表4－1　ある中学校教諭Bの勤務状況（1ヶ月）

	月	火	水	木	金	土	日
第1週						練習	練習
第2週						練習 試合	練習
第3週	平日の勤務					練習	練習
第4週						大会	練習
第5週						大会	

教員の私的な研修会で、驚くべき発言をしていた。「今日、私は部活動を休みにして、この研修会にやってきました。でも、まだ先には試合が残っています。正直に言うなら、早く負けてほしいと願っています。負けてくれれば、しばらく部活動は休みにできるし、私の自由時間も増える」と。

私はこれまで、部活動を問題視するさまざまな声を聴いてきた。そのなかでも「早く負けてほしい」という発言は、もっとも衝撃的な発言の一つである。大会で一生懸命声をあげている指導者が、心の奥では「早く負けてくれ。休みたいんだ」などと思っていようとは……。

私にとってこれが衝撃だったのは、まさにそうした考え方が学校文化のタブーだからである。生徒が頑張っている姿を見ていて密かに負けを願うのは、率直に考えれば、教育者としての素質を疑われるかもしれない。

私の目から見ればその先生は、本当に生徒思いでユーモアもあって、包容力がある。ずっと教壇に立っていてほしい、素敵な先生である。逆に言えば、それほどに生徒思いの先生でさえ、大会で頑張っている生徒を前にして「早く負けてほしい」と思ってしまうほどに、先生は追い詰められているのだ。

ちなみに一つ申し添えておくと、部活動のあり方を考える研修会や講演会には、部活動指導に精を出している先生はほとんど参加しない。それは関心がないからではない。そもそも休みの日はすべて部活動指導で埋まっているからである。

2 自主的に土日がつぶれていく

やりたくもないのに土日がつぶれていく。これは、「自主的なのに強制される」側面を指している。他方でもう一つ指摘しなければならないのは、「自主的だから過熱する」側面である。

朝早くから夜遅くまで、しかも土日の休みまで使って、生徒のために頑張っている姿は、職員室の文化では、教育熱心な先生として高く評価される。なるほど、子どものために自己犠牲を厭わない姿は、教育者としての鑑なのだ。

詳細な議論は第6章にゆずることにするが、その姿はまずもって労働者として不健全であり、さらにはそこに巻き込まれる生徒のことが考慮されていない。

さて、不健全であるはずの教師像が是とされるがゆえに、ひとたびそこに足を踏み入れると、なかなか抜け出せなくなる。そのプロセスは、すでに第2章にて「部活は麻薬」「楽しいからハマる」と表現した。

ここではとくに土日の指導に絞って、その具体的なエピソードを一つ紹介したい。

先述のB先生の勤務表がそうであったように、土日は単なる練習ではなく、練習試合が入ることがある。B先生の場合は少ないほうで、毎週練習試合という部活動もある。

土日の練習試合はいかなる意味で、「部活は麻薬」なのか。

第一に試合に勝つことの喜びを味わうことができる。頑張って練習をして、その成果が勝利というかたちで可視化されるのだ。この点は、これまでに言及してきた「麻薬」の作用である。

それにくわえて第二に、練習試合には、隠れた機能がある。それは練習試合によって、部活動顧問どうしが結びついていくという機能である。たとえば、若手の教員は、当該部活動に従来からあるネットワークや、先輩教員らの紹介によって、部活動を通じて新たな顧問に出会っていく。職員室を超えた新しい世界がそこにある。

そして実際の練習試合や本番の試合で自分のチームが勝利して、少しずつその評判が拡がっていくと、今度は練習試合のオファーが入ってくるようになるという。

ある先生は、こう語っていた。


まず、練習試合や大会で、いろんな先生たちに会うわけです。そこには、強豪校の顧問もいます。カリスマみたいなもので、みんなから一目置かれています。もちろん最初はものすごく遠い存在ですよ。でも、そこで自分の部活動が一つ二つ勝ち進んでいくと、少し強い学校の顧問から、練習試合のオファーが入ってくるんです。やっぱり、嬉しいですよ、そのときは。そして、大会の後なんかは、飲み会にも誘われるようになってくるんです。するとその場には、強豪チームの顧問たちがずらっと並んでいる。緊張もするけど、その場に呼ばれるということが、とても誇り高いんですよ。

こうして、毎週のように多方面から練習試合のオファーがあり、そこでまたチームは強くなり、顧問ネットワークも強化され、気がつけばもう逃れられないことになっているのだ。

3 「部活未亡人」：過労を嘆く妻たちの声

教育界にはいつからか、「部活未亡人」なる言葉がある。夫（教員）が部活動指導に時間を奪われ、まるで夫がいないかのような立場に置かれた妻のことを指す。

「部活動をはじめとした教員の労働環境の苦しさ・辛さをお互いに知り、実際に出会い悩みを共有する」ために設立された「教働《きょうどう》コラムズ」（https://www.kyodo-bukatsu.net/）には、先生本人だけでなく、配偶者の声も掲載されている。

そのなかから、配偶者お二人のエピソードを一部割愛・編集の上、ここに紹介したい。顧問の先生、管理職、教育行政関係者には、ぜひとも読んでほしい内容である。

まずは、臨月中の妻の訴えである。

夫は、中学校教員で運動部の顧問をしています。平日は21時頃帰宅。ヘトヘトになって帰ってきて夜ご飯を食べてすぐに寝てしまいます。土日ももちろん部活で、半日部活でも平日に溜まった仕事をこなすため平日と同じくらい学校に残って仕事をします。4月は1日たりとも夫に休みはありませんでした。夫婦の会話なんて事務連絡できたらいいくらいです。だってそんな時間ないのですから。

夫は子どもが大好きで、いい父親になると思います。しかし、部活による拘束でこれから産まれる子どもの話を夫婦でしたいのにできない。ベビー用品も一緒に見に行く時間もありません。4ヶ月前から何度も参加するチャンスがあった両親学級も、部活の大会、審判等により結局参加できませんでした。

青少年の教育に関わる教員が、自分の子育てに関われないなんておかしいです。せめて毎週土日どちらかでも必ず1日休みを決まりとして、育児に関わる機会が欲しいです。同調圧力をなくすには、全国的な取り決めが必要だと思います。

（はーみ　20代　中学校運動部顧問の妻）

続けて、幼い子どもをもつ妻の言葉である。

主人は、月火水木金は6時に家を出ます。夜少しでも早く娘が寝る前に帰るために、業務を早朝にし、朝練をみて、授業し、部活が終わってから残りの業務をして帰ってきます。

土日も同じく6時に家を出ます。部活の練習試合です。時には片道2時間かけて日帰り試合をするときも。長期休暇中は強化合宿や遠征試合で数泊家を空けることも。

私が初めての子育てで余裕のない中、主人も激務と部活に付随する保護者の理不尽なクレームでどんどん疲弊していきました。そして教員6年目にして心療内科にかかりました。それでも学校からは、次年度の担任と部活動主顧問を頼まれました。

私は「部活動顧問を断ってほしい、せめて一週間に一回は一日休んでほしい」と主人に再三伝えました。でも主人にもどうすることもできない部活動の慣例や制度の矛盾があります。悪いのは主人ではなく制度なのだから、責めちゃいけない。喧嘩したいわけじゃない。

我が家は肥大しすぎた部活動の在り方に大きな不安を抱いています。そして将来自分の子どもたちは、自分のための休養や家庭の時間を大切にできる先生のもとで学べる教育環境になっていてほしいと強く願います。

（ふぁしこ　20代　教員家族）

読んでいて、胸が張り裂ける思いになる。

部活動の練習や大会のために、土日もなく働く夫の姿に、妻が大きな不安を抱き、苦しんでいる。部活動の過重負担は、夫だけでなく、その家族をも苦しめている。部活動の現状は、もう限界に来ている。異常な空気が学校と家族を覆っている。

4　若い先生たちの過重負担

声をあげた妻たちの年齢は若く、子どもの年齢も小さい。第8章で言及する部活問題対策プロジェクトの先生たちも若手・中堅の教員である。

若手・中堅の教員やその家族から声があがっているのは、ただの偶然ではない。

文部科学省の教員勤務実態調査（２００６年度実施）からは、若手の運動部顧問の過重負担が見えてくる。

たとえば中学校では、30歳以下の教員は、31歳以上の教員に比べて勤務日と休日いずれにおいても、残業や持ち帰り仕事の時間量が多い。また、運動部を担当する教員は、文化部顧問や顧問なしの教員に比べて、残業や持ち帰り仕事の時間量が多い【図4-1】。

総じて、若手の運動部顧問が中学校のなかでもっとも多忙であると言える。若手の先生たちが、部活動顧問の勤務状況を問題視するのは、まさにその先生たちに部活動問題のしわ寄せが及んでいるからなのである。教員の多忙を改善するためには、まずは若手教員、なかで

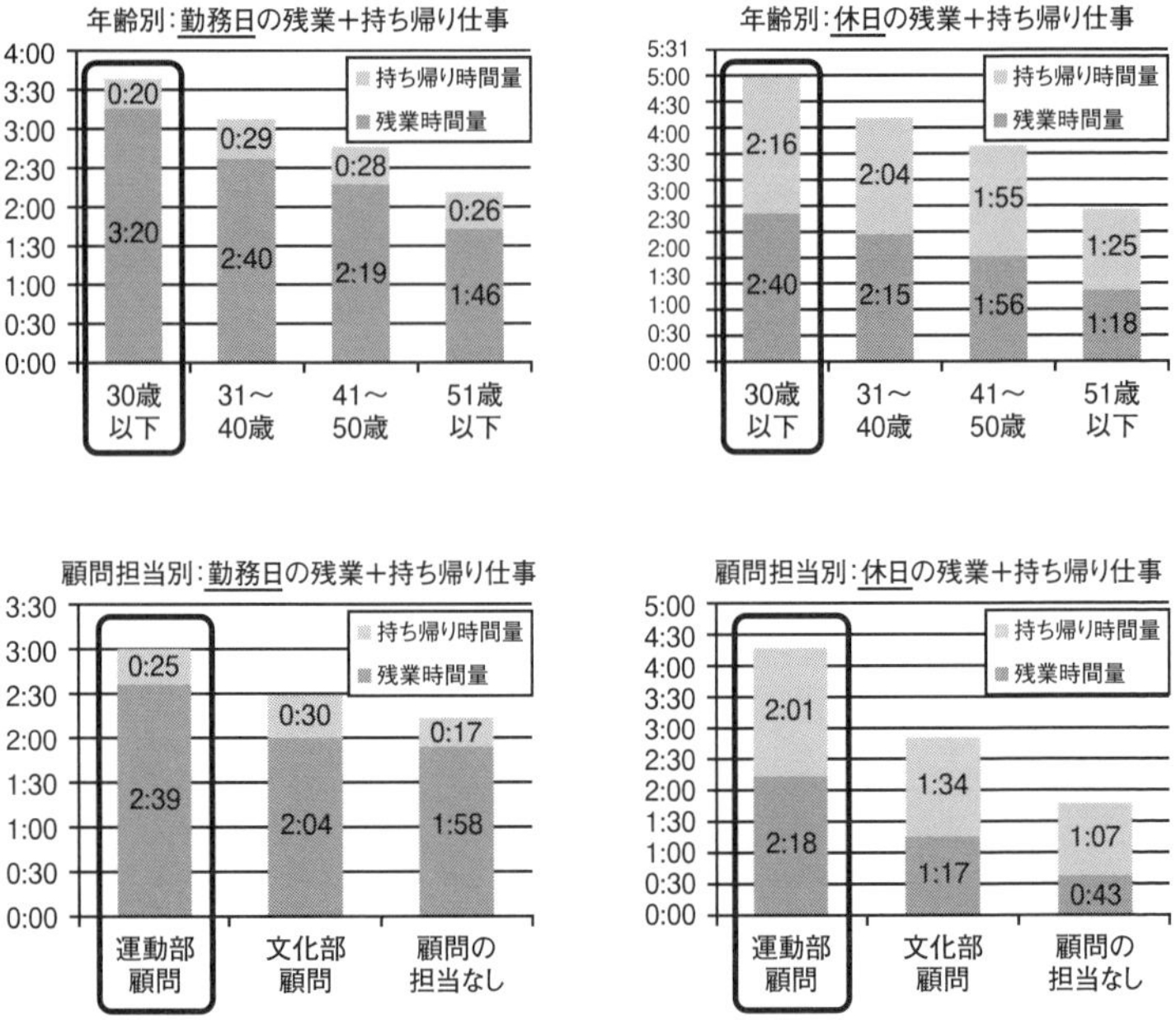

図4－1　年代別と運動部／文化部別における勤務日ならびに平日の残業と持ち帰り仕事の量

※中学校の7月における勤務状況である。グラフについては、ベネッセ「中学校教師の勤務状況」に掲載されているデータをもとに、筆者が作図した。
なお、時間数の読み方には注意が必要である。たとえば、運動部顧問における勤務日の残業＋持ち帰り仕事量が約3時間という場合に、それは2時間の運動部顧問もいれば、4時間の運動部顧問もいるということである。同じように、休日の残業＋持ち帰り仕事量が約4時間という場合に、土日のうち土曜日だけ8時間で、日曜日は0分ということもありうる。

も運動部顧問の負担を軽減させることが最優先されるべきである。

ここで、初任者教員の長時間労働についてその実情を示したい。

名古屋市の新任教員に関する月別の残業時間（土日の勤務を含む）が、明らかになっている【図4-2】。教員の勤務実態に関する調査や報告は、勤務の期間が限られているものが多い。名古屋市の場合は、一年間をとおしての勤務実態が示されており、とても貴重である。

データを発表したのは、大橋基博氏（名古屋造形大学）と中村茂喜氏（元名古屋市立中学校教員）である。両氏は市教委から入手した資料をもとに、２０１５年度の新任教員25名の出勤と退勤の記録を分析し、各月の時間外勤務の時間数を算出した（大

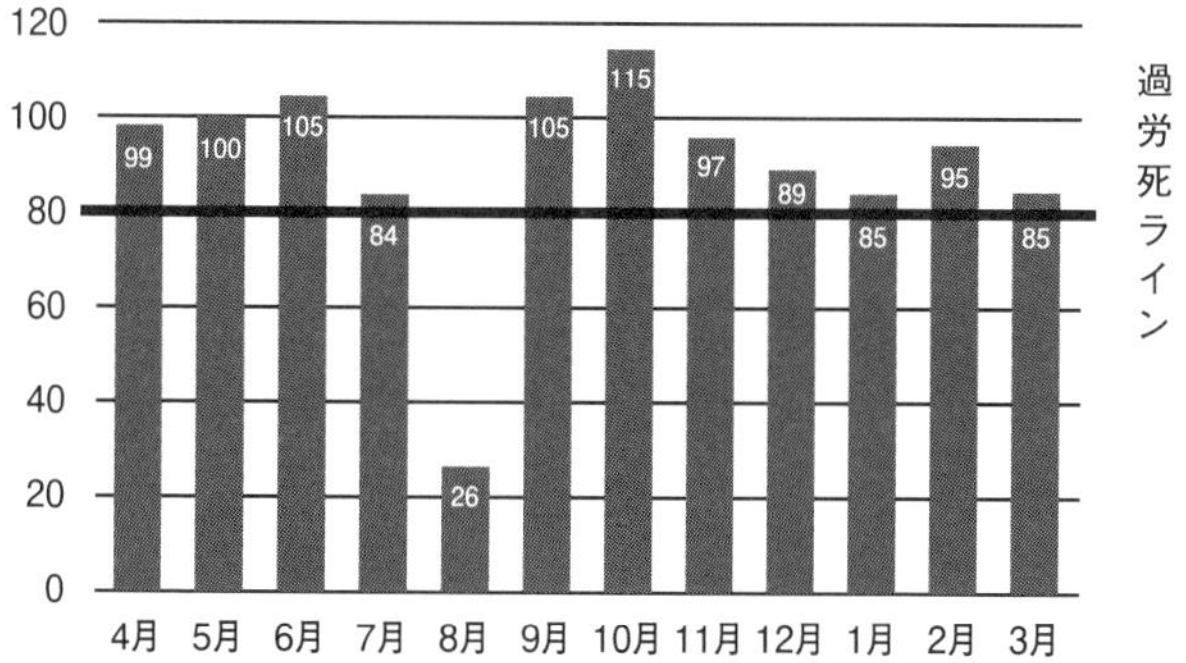

図４－２　名古屋市における初任者教員の月別残業時間（平均）

※大橋基博氏・中村茂喜氏の論考（「教員の長時間労働に拍車をかける部活動顧問制度」『季刊教育法』No.189、36-46、2016）に掲載されているデータをもとに、筆者が作成。なおそのデータは、2015年度の名古屋市立中学校新任教員100名のなかから、名簿順に４つの区の計25人が抽出され、その残業時間の平均値が算出されたものである。時間外勤務には土日の勤務時間も含まれている。

橋基博・中村茂喜、２０１６「教員の長時間労働に拍車をかける部活動顧問制度」『季刊教育法』№１８９、36-46頁）。

まず時間外勤務の時間は、月平均で90時間に達する。そして8月を除くすべての月で、時間外勤務の平均が「過労死ライン」（過労死の労災認定基準に用いられる一ヶ月の残業時間数）の80時間を超えている。

第５章でも述べるとおり、8月は子どもにとっては夏休みであるが、教員は働いている。実際に名古屋市の新任教員においては、平均で26時間の時間外勤務が確認できる。

子どもの長期休暇（春休み、夏休み、冬休み）がある月（4、7、8、12、1、3月）を除くと、時間外勤務は月平均１０２・８時間にのぼる。そのなかでもっとも厳しいのは10月で、平均１１５時間に達している。逆に長期休暇を含む月のみで計算しても、月平均78時間に達する。子どもは休みでも、新任教員は残業するのはもちろんのこと、その時間数は過労死ラインとほぼ同程度に達する。

さらに、各初任者教員における毎月の時間外勤務時間も明らかにされている【表4-2】。各セルの数字は、時間単位であり、分は切り捨てられている。また元のデータには、各日のなかで未記入の日もあるという。つまり、実際の数字は表に記載されたものよりも大きい可能性がある。

まず注目したいのは、25名のうち24名が部活動の顧問を担当している点である。そして23

表4－2　名古屋市における各初任者教員の月別残業時間

										4月	5月	6月	7月	8月	9月	10月	11月	12月	1月	2月	3月	時間部分のみ合計
				男女	教科	学年	部活動名	顧問数	部活数	時間	時間	時間	時間	時間	時間	時間	時間	時間	時間	時間	時間	
1	W区	A中	○○○○	男	社	3	サッカー	2	31	74	77	57	44	1	77	61	46	54	43	56	28	618
2	W区	B中	○○○○	女	保体	1	バスケット	4	66	88	79	84	75	17	93	73	72	72	62	69	62	846
3	W区	B中	○○○○	男	理	2	ソフトテニス	2	60	80	84	90	78	23	76	96	76	91	68	82	98	942
4	W区	C中	○○○○	女	国	1	バスケ女子	1	18	135	97	127	108	38	120	137	90	92	88	82	80	1194
5	W区	C中	○○○○	男	社	1	サッカー	2	48	137	140	141	113	65	114	157	125	134	106	118	137	1487
6	W区	D中	○○○○	男	数	1	硬式テニス	2	24	72	55	78	55	14	52	64	55	52	53	60	59	669
7	X区	E中	○○○○	女	国	3				45	52	41	47	25	83	95	73	60	74	54	62	711
8	X区	E中	○○○○	女	保体	2	バスケット	2	45	83	95	105	92	33	102	107	102	135	88	73	91	1106
9	X区	F中	○○○○	女	数	3	バスケ女子	2	45	77	84	79	82	1	77	89	102	104	102	84	51	932
10	X区	G中	○○○○	男	理	1	バスケ男子	2	23	122	131	121	71	19	105	96	99	81	82	108	87	1122
11	Y区	H中	○○○○	男	国	2	ラグビー	2	37	105	157	128	86	23	93	153	99	94	98	115	111	1262
12	Y区	H中	○○○○	男	特	特	サッカー	2	43	137	139	92	106	22	116	114	87	54	86	98	111	1162
13	Y区	I中	○○○○	男	社	1	剣道	2	33	119	119	123	92	24	115	144	136	98	95	123	131	1319
14	Y区	I中	○○○○	男	特	特	ハンドボール	2	20	109	112	128	88	18	114	125	65	75	60	89	81	1064
15	Y区	J中	○○○○	女	国	1	体操	2	51	101	99	101	68	9	103	108	87	97	88	77	58	996
16	Y区	J中	○○○○	男	社	2	野球	3	29	65	103	115	98	32	117	127	83	88	74	99	75	1076
17	Y区	K中	○○○○	男	国	2	卓球	2	39	108	113	121	104	9	136	145	112	104	113	120	117	1302
18	Y区	K中	○○○○	男	理	1	ソフトテニス	2	59	125	102	122	100	30	142	120	114	100	96	114	77	1242
19	Z区	L中	○○○○	男	社	2	ディベート	3	17	88	103	182	86	31	133	158	175	102	131	169	84	1442
20	Z区	L中	○○○○	男	数	3	野球	2	43	106	100	104	102	16	107	150	112	94	88	93	89	1161
21	Z区	M中	○○○○	男	理	2	卓球	2	72	112	93	77	91	6	117	92	77	75	88	103	76	1007
22	Z区	N中	○○○○	男	社	2	ハンドボール	2	40	143	120	144	137	74	169	148	146	98	88	96	96	1459
23	Z区	O中	○○○○	女	音	1	合唱（＋外部講師）	2	33	64	27	49	28	3	48	38	32	35	26	26	32	408
24	Z区	P中	○○○○	女	国	2	剣道	2	32	69	105	114	116	55	126	144	129	120	134	134	116	1362
25	Z区	P中	○○○○	女	保体	1	ハンドボール	3	51	114	117	96	103	55	136	139	140	121	100	122	119	1362
										2478	2503	2619	2170	643	2671	2880	2434	2230	2131	2364	2128	27251
									平均	99時間	100時間	105時間	84時間	26時間	105時間	115時間	97時間	89時間	85時間	95時間	85時間	1年平均 90時間

※各校の出退校記録による。分単位切り捨て。ただし、未記入日もあり、さらに増えると見込まれる。
※2015年度100名のうち区順で25名抜粋。

名がバスケットやサッカーなどの運動部である。初任者教員は運動部を任されるのが通例のようだ。

次に、表の各セルを見てみると、100時間を超える月が目立つ。最大値は、上から19番目の教員が6月に182時間を記録している。また、5番目と17番目の教員は、8月を除くすべての月で100時間を超えている。そして年間で1400時間（毎月平均117時間）を超える教員が、25名中3名いる。

なお忘れてはならないのは、平日の時間外勤務において残業代はいっさい支払われず、土日も微々たる手当の額で、毎日がまわっているということである。まさに「ブラック部活動」とよばれるゆえんである。

5 全員顧問「制度」とは？

第3章で示したように、部活動は教員の本務ではないにもかかわらず、顧問担当が全教員に課せられる学校が多い。2016年度では全国の中学校の87・5%が、このいわゆる「全員顧問制度」の体制をとっている。

先に断っておくと、この「制度」は、厳密にはそう呼べるものではなく、「慣行」にすぎない。「制度」というのは、その集団を運営するために公認されている「きまり」である。

他方で「慣行」とは、以前からおこなわれていること、という程度の意味である。
そもそも部活動顧問の任務自体が教員の自発的な関わりにより成り立つものである。したがって、全員顧問の制度というきまりが成り立つ根拠がない。だから、全員顧問は「慣行」にすぎない。

それにもかかわらず、全員顧問が制度とよばれていること自体が興味深い。つまり、なんとなく学校のなかでそうなっている「慣行」のはずが、もはや「制度」という強い拘束力をもった「きまり」として、全員顧問が認識されているということである。

さて、先生たちの自主的な意志によって指導されるはずの部活動が、なぜ「全員顧問」の「制度＝きまり」として運用されているのか。

全員顧問制度に類似する言葉として、複数顧問制度という表現がある。複数顧問制度とは、一つの部活動に、主顧問／副顧問、あるいは第一顧問／第二顧問／第三顧問（主顧問＝第一顧問で、副顧問＝第二顧問／第三顧問という対応関係）というかたちで、複数の教員が一つの部活動に顧問として就く体制を指す。

学校内の部活動の数は、一般には教員数よりも少ないため、全員顧問制度をとろうとすると必然的に一つの部活動に複数の教員がかかわる複数顧問制度となる。実質的には、全員顧問制度と複数顧問制度はほぼ同じような指導体制を意味している。

全員顧問制度あるいは複数顧問制度の問題点は後述するとして、まず主顧問と副顧問では、どちらに就くほうが負担を軽減できるだろうか。単純に考えれば、副のほうが責任や仕事量は少ないと考えられる。基本的な活動はできるだけ主顧問にまかせて、副顧問は主顧問が不在だったり主顧問だけでは対応できなかったりしたときに、サポート役として指導や引率にくわわる。実際に私が知る限りでは、負担軽減を希望する先生の多くは、全員顧問制度のもとで顧問そのものは辞退できないものの、副顧問に就くことで負担軽減を達成している。

ただし主顧問のほうが、自分で好きに部活動のあり方を統制できるから、主顧問のほうがよいという先生もいる。副顧問に就く場合、主顧問の指導方針によっては、主顧問と同じような仕事内容を求められることがある。そうすると、主顧問の指示のもと、平日の指導はもちろんのこと、土日もつぶれてしまうことになる。それよりは、主顧問に就いて、部活動の活動時間数や日数、参加大会数などを一気に減らしてしまえば、いわゆる「ゆとり部活動」のかたちで、先生の負担も生徒の負担も軽減することができる。

ところで、なぜ全員顧問が必要なのか？　その理由は簡単で、教員全員で負担を均等に分かち合いましょう、みんなで協力して部活動を運営していきましょうということだ。しかしくり返すように、実際にはこの全員顧問制度は、字義どおり全員に顧問就任を強要するものであり、「自主的なのに強制される」部活動運営を前提にしている点で重大な問題を抱えている。

6　全員顧問制度の拡大とその背景

全員顧問制度は、学校の常識になっている。だが、その歴史はさほど古くはない。

運動部活動に関する3つの全国調査から、全員顧問制度を採用している学校の割合の推移を見ることができる。部活動の指導に「全教員が当たることを原則」としている中学校は、1996年度は57・0％、2001年度は66・3％、2016年度は87・5％と大幅に増加している【図4-3】。1996年度と2001年度の数値は、調査対象となった中学校が1000校のみであるため、両者間の数値を厳密に比較検討するには慎重を要する（サンプルの決定方法は同一）。ただし2016年度の数値は全数調査（すべての中学校を調査）であり、かつ1996年度と2001年度調査との差が明らかに大きい。以上を総括すると、おそらくこの20年間に全員顧問制度の割合がかなり高まったと推定される。

なお2016年度の調査では、都道府県別の実態も明らかにされている。全員顧問とする学校の割合はそもそも全体的に数値が高いものの、最上位の奈良県では100％と、すべての学校で全員顧問が義務づけられていることがわかる【図4-4】。

全員顧問制度が拡大してきた背景には、4つの変化が考えられる。

第一の変化が、教員の多忙化である。業務量の増大により各教員の時間的余裕がなくなるなかで、部活動指導を実現させるために、各教員のわずかな時間を全員分寄せ集めざるをえない。長時間労働だからこそ、すべての教員に部活動指導が強制されるのである。

第二の変化が、部活動の過熱である。部活動は長期的スパンで見ると、おおむね拡大の経過をたどり、今日もその熱が冷めることはない。部活動が盛んになれば、当然それを指導する人的資源がいっそう求められる。そこで、部活動指導に確実に教員を充てるために、全教員による指導体制が必要となる。

第三の変化が、生徒の安全性

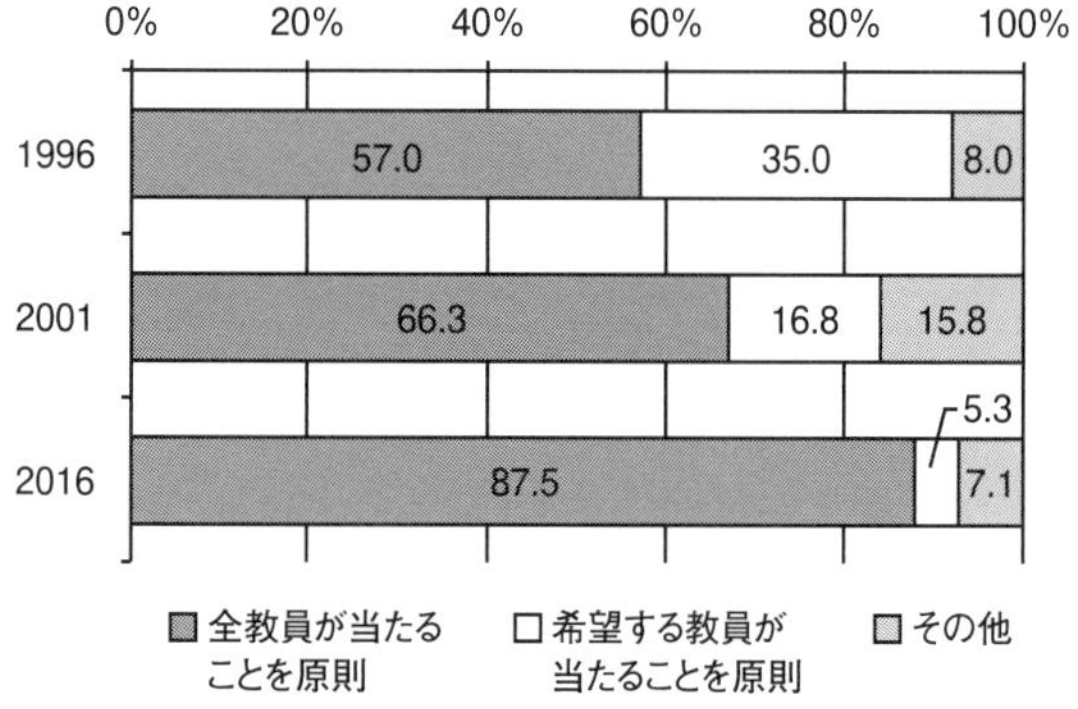

図4－3　全員顧問制を採用する学校の割合

※① 1996 年度は文部省（当時）「中学生・高校生のスポーツ活動に関する調査」、② 2001 年度は文部科学省「運動部活動の実態に関する調査」、③ 2016 年度はスポーツ庁「全国体力・運動能力、運動習慣等調査」を参照。

①全国の中学校 100 校、高校 100 校の生徒や保護者、教員などを対象に、1996 年の 4 月から 7 月にかけて実施（回答率の記載なし）。図のデータは校長調査の回答によるもの。

②全国の中学校 100 校、高校 100 校の生徒や保護者、教員などを対象に、2001 年 10 月に実施。回答数は中学校 96 校（回答率 96）、高校 97 校（回答率 97%）。図のデータは校長調査の回答によるもの。

③全国のすべての小中学校を対象に実施。小学校は 20,272 校、中学校は 10,593 校。図のデータは校長調査の回答によるもの。

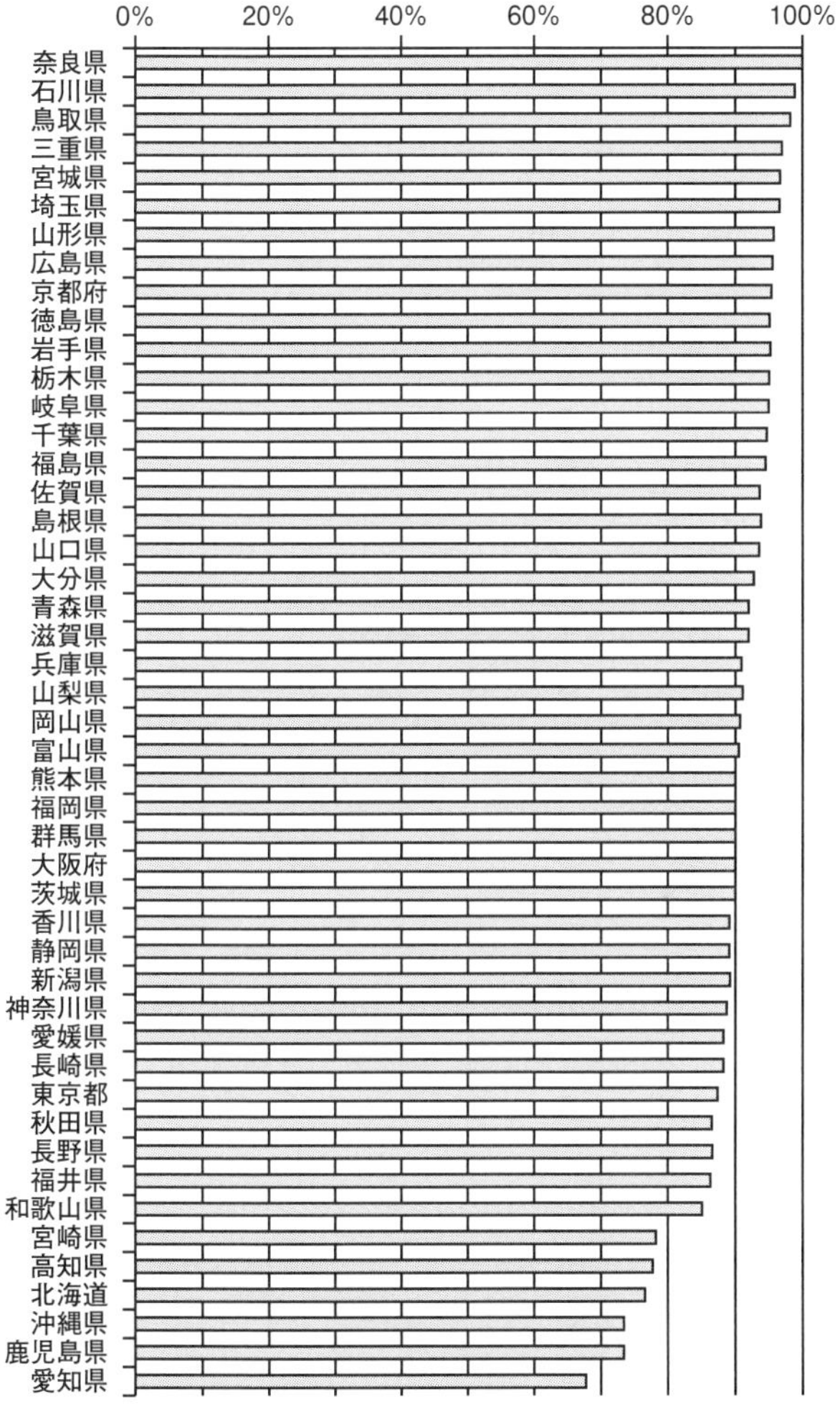

図 4－4　全員顧問制度をとっている学校の割合（2016 年度、都道府県別）

※スポーツ庁「平成 28 年度全国体力・運動能力等調査」の結果をもとに筆者が作成。

に対する関心の高まりである。これまで、部活動中の事故防止のために、指導時の安全配慮義務徹底が国や自治体からたびたび要請されてきた。たとえば、「運動部活動中、顧問の教員は生徒の活動に立ち会い、直接指導することが原則」（運動部活動の在り方に関する調査研究協力者会議「運動部活動の在り方に関する調査研究報告書」2013年5月）といった旨の指示が、いっそう強制力をもって現場に降りてくる。

かつて部活動に熱心だった読者のなかには、「先生なんて、ぜんぜん姿見せなかった」と記憶している人も多いことだろう。この場合、顧問の負担は相対的に小さい。いまでもそうした状況は残っているものの、それでも部活動指導に立ち会うべきという空気は強い。こうなってくると部活動にできるだけ立ち会うために、たとえば、主顧問が不在の場合には副顧問が立ち会うといったように、複数の顧問体制による十分な人的資源が必要になる。そこで、全員顧問制度によって顧問就任を強制せざるをえなくなるのだ。

第四の変化は、減らない（減らせない）部活動数である。中学校の運動部活動数について、日本中学校体育連盟の「加盟校調査」から運動部の実態を把握することができる。そのデータを整理してみると、全国の運動部活動数は減少（1994年度比で0・88倍）してはいるものの、全国の生徒数（1994年度比で0・73倍）よりは減少幅が小さいことがわかる【図4-5】。部員数が少なくなっても、「現部員のために」「伝統だから」といった理由で部活動が維持されたり、あるいは教員が自分の得意とする活動を新しい赴任先で創設したりすることで、部活動数の減少幅が比較的小さくなっていると推察される。

なお、厳密に言うと、中学校の教員数は、この間大きな変化はない。ただし業務の多忙化により、各教員の時間の余裕がなくなってきている点が重要である。すなわち、一人ひとりの教員のわずかな時間を全員分寄せ集めることで、部活動数の現状をできる限り維持しようとしているのである。

神奈川県の中学校と高校の教員を対象にした調査では、1998年度から2007年度、2013年度と指導日数が着実に増加している【図4-6】。部活動指導が6日以上の割合は、1998年度から2013年度にかけて21・7％から33・0％へと、約1・5倍に増えている。同期間において、生徒の活動日数が6日以上の割合は、中学校で58・4％から77・6％へと1・3倍、高校で

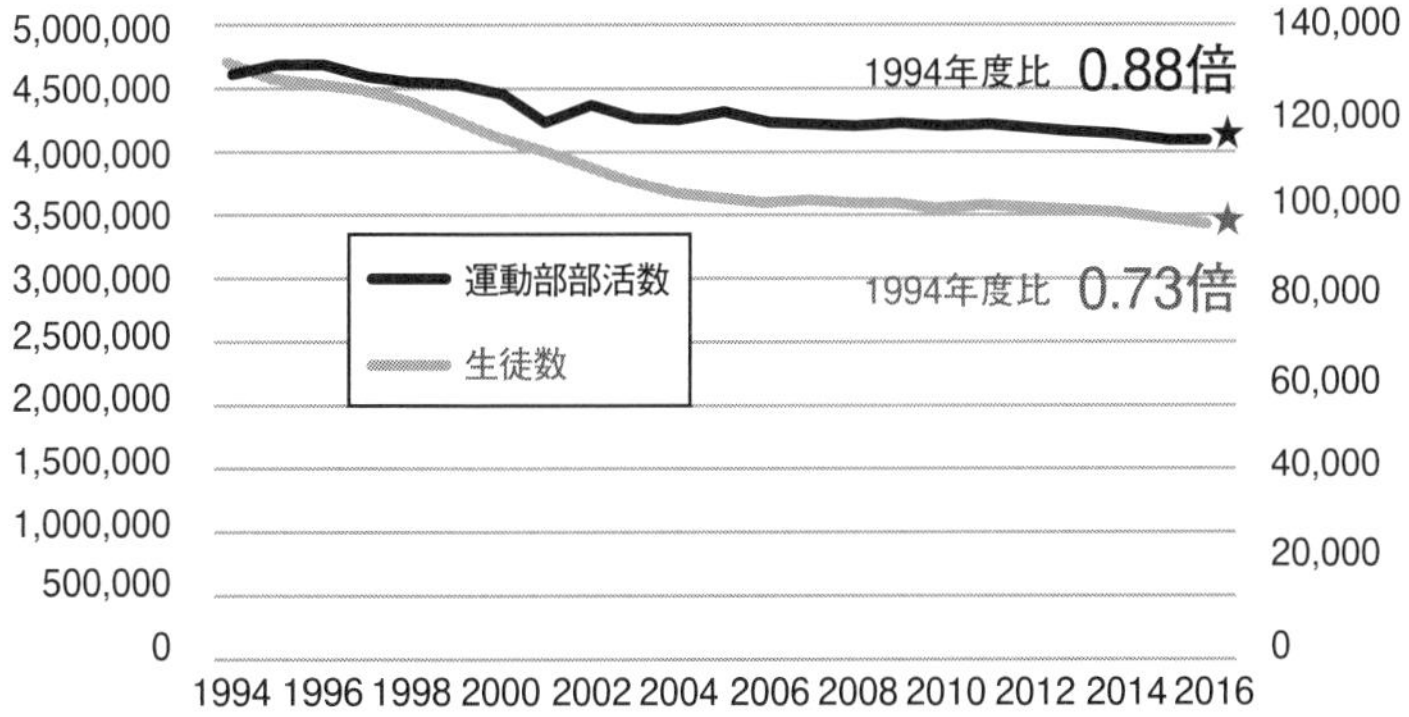

図4－5　全国の中学校における生徒数と運動部活動数の変動

※日本中学校体育連盟の「加盟校調査」を筆者が整理し作図した。

68・5％から68・8％と変化なしであることから、教員の指導負担が生徒の活動量以上に増えたと見ることができる。単なる過熱だけではなく、部活動指導に必要な人的資源の絶対量が大きくなっていると考えられる。

　このように考えると、全員顧問制度とは設計上は、部活動に必要な人的資源が増大してきたことを背景にして、そこで特定の顧問一人に負担が集中するのを避けるための一つの負担軽減策であったと理解せねばならない。文部科学省が設置した「次世代の学校指導体制にふさわしい教職員の在り方と業務改善のためのタスクフォース」の報告「学校現場における業務の適正化に向けて」（2016年6月）においても、複数顧問の設置は「教員の負担軽減に向けた取組」と位置づけられている。

　しかしながら全員顧問制度は同時に、部活動指導を希望しない教員にも、部活動に対して一定量の関わりを押しつけるものでもある。「自主的なのに強制する」ということだ。

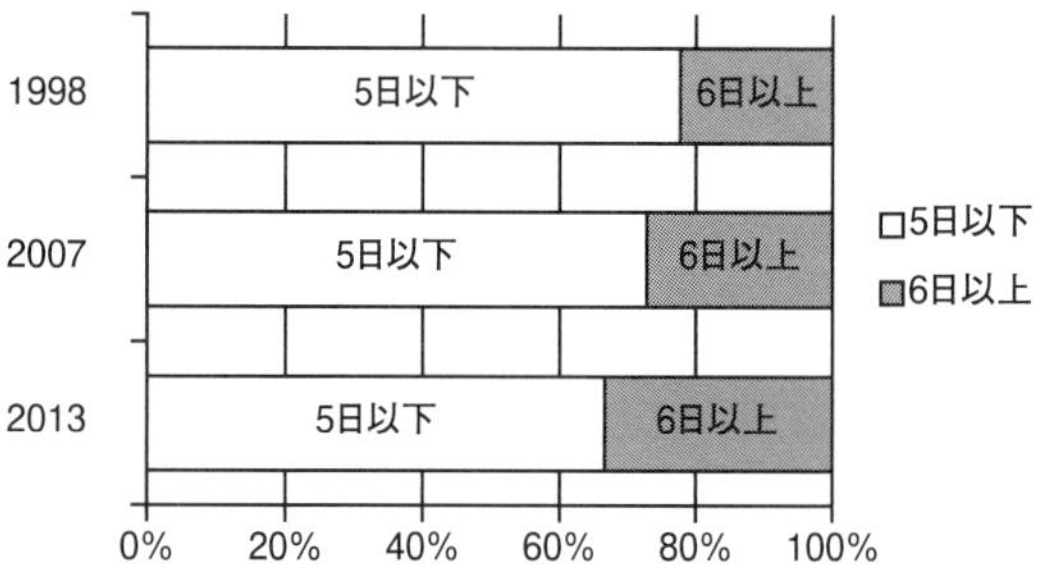

図4－6　教員における運動部活動の指導日数の変化
（一週間のうち何日指導しているか）

※神奈川県教育委員会「中学校・高等学校生徒のスポーツ活動に関する調査報告書」より筆者が作成。

部活動に必要な人的資源が増大しているなかでは、全員顧問制度は実質的にそこに個々の教員の時間や労力が一定程度割かれることを意味する。自分がもし顧問を辞退できれば、部活動の負担はゼロになる。そして授業の準備時間や個々の子どもに向き合う時間を確保できる。土日も休める。だからいま、先生たちは全員顧問制度にNOを突きつけているのである。

7　部活動で先生が「評価」される

第2章で強調したように、部活動がここまで歪みまた過熱してきたことの背景に、先生と生徒の両者にとってそれが「評価」の対象になったことがあげられる。

もし部活動がどれほど頑張ってもほとんど評価されない、それどころか評価される場面(大会)も乏しいとすると、「部活は麻薬」に転じにくくなる。どれほど部活動を指導しても、高揚感が得られないからだ。逆にいえば、それほどに部活動が評価されるということは、今日の部活動のあり方を大きく規定している。

そのことに若い先生たちが直面するのが、教員として着任する前段階の教員採用試験である。直面するとは言っても、多くの受験者は学校に部活動があって当たり前と受け止めているので、気づかずに通り過ぎていくだろう。だからこそいまここで、部活動が評価の一項目となっていることを自覚しなければならない。

ここで教員採用試験における評価の一例として、京都市の教員採用試験における志願書の記入例を見てみたい【図4-7】。京都市のウェブサイト上に公開されている。志願書Aには、「指導できる部活動名」を記入しなければならない。つまり、教員になれば部活動指導が待っており、それが採用試験における評価の一項目になっているということだ。

志願書Bは、もっと部活動の色が濃くなる。記入例では志願書Bの3分の1は、部活動関連の内容で埋められている。所属していた部活動（同好会）名とそこでの役職、さらには部活動の戦績などが記入されている。中高時代に部活動にほとんど関わらなかった受験者は、かなり困ってしまうだろう。そして、それと同時に部活動の活動内容がかなり細かいところまで含めて、合否の判断基準に使われることを知ることになる。

教員採用試験に部活動が関係してくるのは、けっして京都市だけではない。むしろほぼすべての自治体が部活動のことを気にしている。

神谷拓氏（宮城教育大学）は、全国の都道府県・政令指定都市における教員採用試験で、部活動の取り扱いを丹念に調べ上げた【表4-3】。

なおこの表は、氏の著書『運動部活動の教育学入門』（大修館書店、2015）に掲載されている。運動部活動の過去から現在までを、丁寧に描き出した力作である。国や自治体の資料にはない、さまざまな情報が集約されたデータの宝庫である。

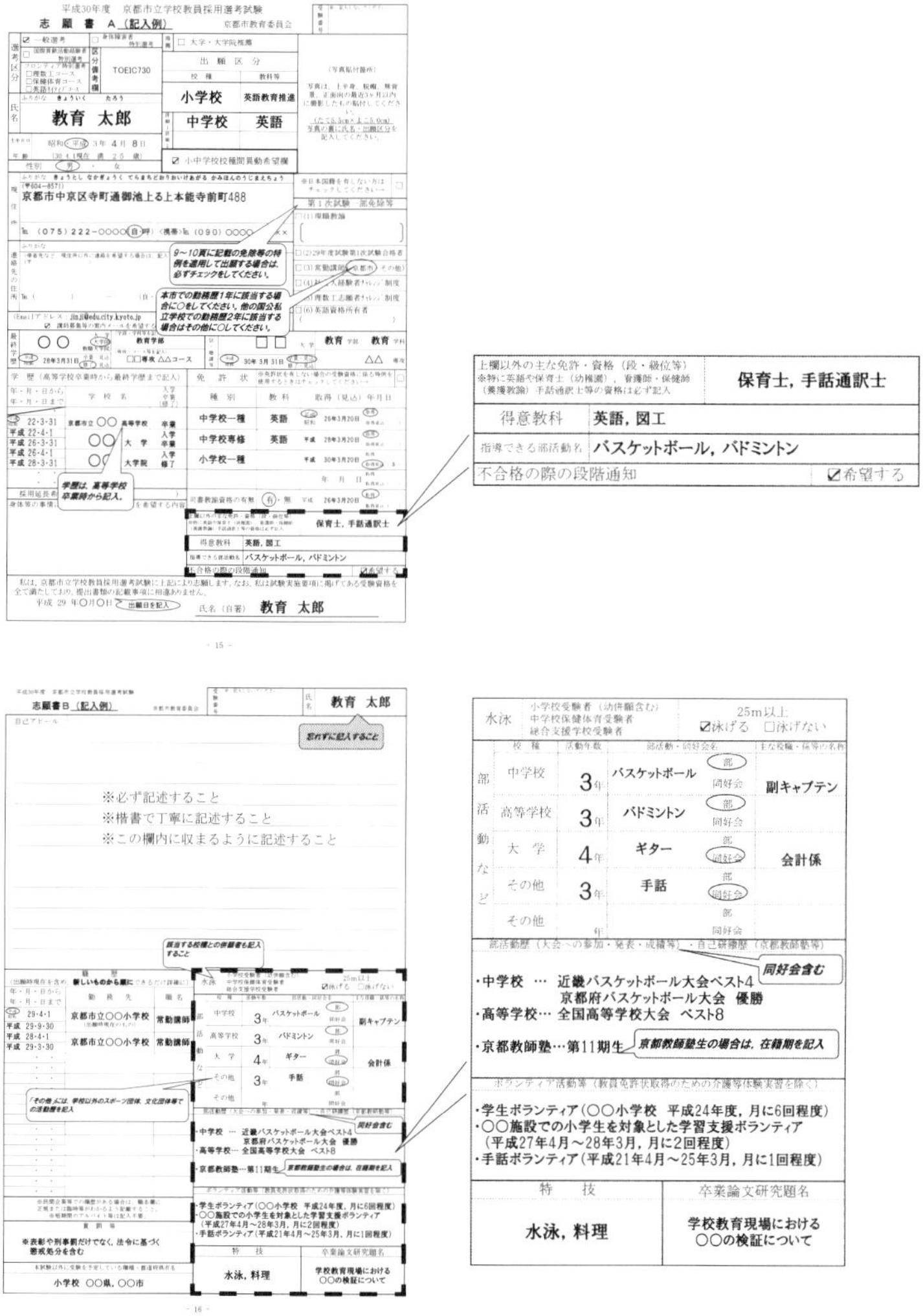

図4－7　京都市の教員採用試験における志願書AおよびBの記入例

表 4－3　教員採用試験における部活動の取り扱い

No.	採用試験年度	都道府県・指定都市教育委員会数	志願者全員に対する措置						競技成績の高い者への措置				出典『教育委員会月報』の号数
			志願書などに記入			面接で聴取・確認			特別選考	一部試験免除	特別免許状の活用	年齢制限の緩和	
			小	中	高	小	中	高					
①	1983	57	45	45	45	40	40	40					385号
②	1984	57	50	50	50	38	38	38					398号
③	1985	57	51	51	51	42	42	42					410号
④	1986	57	53	53	53	52	52	52					421号
⑤	1987	57	53	53	53	52	52	52					435号
⑥	1988	57	49	49	49	54	54	54					446号
⑦	1989	57	49	49	47	53	53	52					460号
⑧	1990	58	49	49	47	54	54	54					471号
⑨	1991	58	49	49	47	54	55	53					483号
⑩	1992	58	49	49	48	54	54	54					495号
⑪	1993	59	50	50	47	56	56	54	1				507号
⑫	1994	59	52	52	49	57	57	54	1				520号
⑬	1995	59	52	52	49	54	54	51	2				533号
⑭	1996	59	52	52	50	54	54	51	3				546号
⑮	1997	59	51	51	48	56	56	52	4				559号
⑯	1998	59	52	52	49	58	58	54	4	1			572号
⑰	1999	59	52	52	50	54	54	53	6	2			586号
⑱	2000	59	52	52	50	54	54	52	6	2			599号
⑲	2001	59	48	48	49	49	49	50	8	2			612号
⑳	2002	59	54	54	50	51	51	47	10	4			625号
㉑	2003	59	55	55	50	47	47	44 47	11	5			638号
㉒	2004	60	55	55	52	47	47	46	13	6			651号
㉓	2005	60	56 55	56 55	52 51	44 42	44 42	44 43	13	8			663号
㉔	2006	61	54	54	54	43	43	43	16	6			675号
㉕	2007	62	53	53	53	42	42	42	16	5			687号
㉖	2008	64	58	58	58	58	58	58	19	7	1		699号
㉗	2009	64	62	62	62				24	6	4		711号
㉘	2010	65	61	61	61				25	6	4	5	723号
㉙	2011	66	62	62	62		不明		31	7	5	5	735号
㉚	2012	66	62	62	62				32	6	5	5	749号
㉛	2013	67	63	63	63				33	8	5	5	761号

※この表は、文部（科学）省が公表している、各年度の「公立学校教員採用選考試験の実施方法について」と、1997年度及び1999～2013年度の「教員採用等の改善に係る取組事例」をもとにまとめたものです。

出典：神谷拓『運動部活動の教育学入門』（大修館書店、2015）より転載。

神谷氏の整理によると、１９８３年度の教員採用試験において、たとえば志願書等に部活動関連の記載を求めたのは、当時の57の教育委員会のうち、小中高いずれの試験についても43の教育委員会（78・9％）であった。

それが２０１３年度採用の試験では、67の教育委員会のうち、小中高いずれの校種においても63の教育委員会（94・０％）に増加している。ほぼすべての自治体が志願書において部活動を何らかのかたちで合否の判断基準に用いているということである。

その他にも、表にあるとおり競技成績が高い受験者への特別措置も用意されるようになってきている。１９９３年度採用の試験ではじめて一つの教育委員会が部活動の特別選考を設けて、２０１３年度採用の時点では33の教育委員会が特別選考を利用するに至っている。

この表一つをとってみても、教職と部活動との関連性が強まってきたこと、言い換えれば教員としての部活動への関与が評価されるようになってきたことが、よく理解できる。

初任のときから部活動が評価の対象であることを自覚させられ、全員顧問のかけ声のもとで顧問に就く。評価の高まりを背景にして、好むと好まざるとにかかわらず、気がつけば平日はもちろん土日も自分の時間はなく、部活動に駆り立てられていく。これが休みなき部活動の実態である。

第5章

教員の働き方改革

——無法地帯における長時間労働

1 教育は無限、教員は有限

教育は無限、教員は有限。

教育とは厄介なもので、いくらやっても終わりがない。勉強一つをとっても、子どもそれぞれに得手不得手があり、理解の進度もちがう。個々の状況に応じた手厚い指導ができるに越したことはない。

しかも勉強だけをみていればよいというわけでもない。いじめをはじめとする子どもの人間関係にも十分な配慮が必要であり、ときには保護者対応も必要となる。

そして、グレーゾーンに置かれた部活動の指導もまた、授業とは別の側面から子どもの成長を促すものと評価される。社会性の育成、チームワークの醸成など、その教育的意義とされるものが、部活動の存在価値を高めている。子どもを野放しにしておくのではなく、教員から働きかけをすることで子どもの成長を促していく。

教育とは、理想を追求する営みである。言い換えれば、「やるべきこと」ばかりなのだ。だからこそ、「やるべきこと」が無限に足し算されていく。

その一方で、それを担ってくれる教員は、無限にいるわけではない。「教育は無限」だけれど、「教員は有限」なのだ。それゆえ、教員は疲弊していく。

本章では、教員の勤務全体のあり方を検討する。いわゆる、「教員の働き方改革」の推進を目指すものである。部活動の指導は、教員の長時間労働や土日出勤の主要因の一つであるものの、部活動そのものを見つめているだけでは、改善の道は開けない。

たとえば、終業時刻を過ぎても部活動を指導せざるをえない（むしろ終業時刻を過ぎてから部活動が本格的に始まるといっても過言ではない）状況のなかで、それに残業代が一銭も支払われることがないというのは、労働基準法に照らし合わせれば、完全な違法状態での経営である。

もっと根本的なことを指摘するならば、そもそも教員は何時に出勤し何時に退勤しているのか、労務管理の基本中の基本の情報さえ、把握されていない。民間企業では何十年も前からタイムカードが導入されているけれども、多くの学校ではいまだに出退勤の時刻さえ記録されていないのだ。

だからこそ、部活動を夜遅くまで、土日にまで指導していても、その問題性や異常性が「見える化」しない。部活動の過重負担は、部活動を超えた「教員の働き方」として認識すべき課題が多くある。

2 在校12時間 多くが「過労死ライン」超える

２０１６年度に10年ぶりに実施された文部科学省の教員勤務実態調査は、教育関係者の予想を裏切ることなく、改めて学校現場の過酷な勤務状況を明らかにした。本書では第２章においてすでに、中学校教員の休日の部活動指導に要する時間が突出して増加していることを指摘した。ここでは、部活動を含む勤務全体の傾向を把握しよう。

前回の２００６年度調査の時点でも、長時間労働は問題視されていた。その２００６年度と比較して２０１６年度の調査では、公立校の学校内での勤務時間（一日あたり）において、小学校で平日43分、土日49分、中学校で平日32分、土日１０９分の増加となった。勤務時間が週60時間以上だった教諭は小学校で33・５％、中学校では57・７％に達した（図の①よりも下方に位置する教員）【図５-１】。なお、これらのデータには、持ち帰り仕事の時間は含まれていない。

勤務時間が週60時間というのは、おおよそ月80時間の残業に換算できる（（60時間-40時間）×４週間）。そして週65時間の勤務つまり月１００時間の残業を超えるのは、小学校で17・１％、中学校で40・７％にのぼる（図１の②よりも下方に位置する教員）。多くの教員がいわゆる「過労死ライン」の「月80時間」「月１００時間」を超えていることになる。

基本的に小中ともに厳しい勤務状況である。そのなかでもとりわけ、中学校教員の6割が「月80時間」の残業というのは、まったくの異常事態である。

過労死の労災認定基準として厚生労働省は、心疾患や脳疾患が発症する前の一ヶ月間に約１００時間以上、または2〜6ヶ月間に毎月約80時間以上の残業があった場合に、業務と発症との関係性が強いとしている。細かいことではあるが、「過労死ライン」と呼ぶと、そのラインを超えると過労死しやすくなるという意味に読み取られがちだ。もちろん過労死する危険性は高くなるものの、厳密には「過労死ライン」とは、それを超えると労災が認定されやすくなるものと理解されたい。

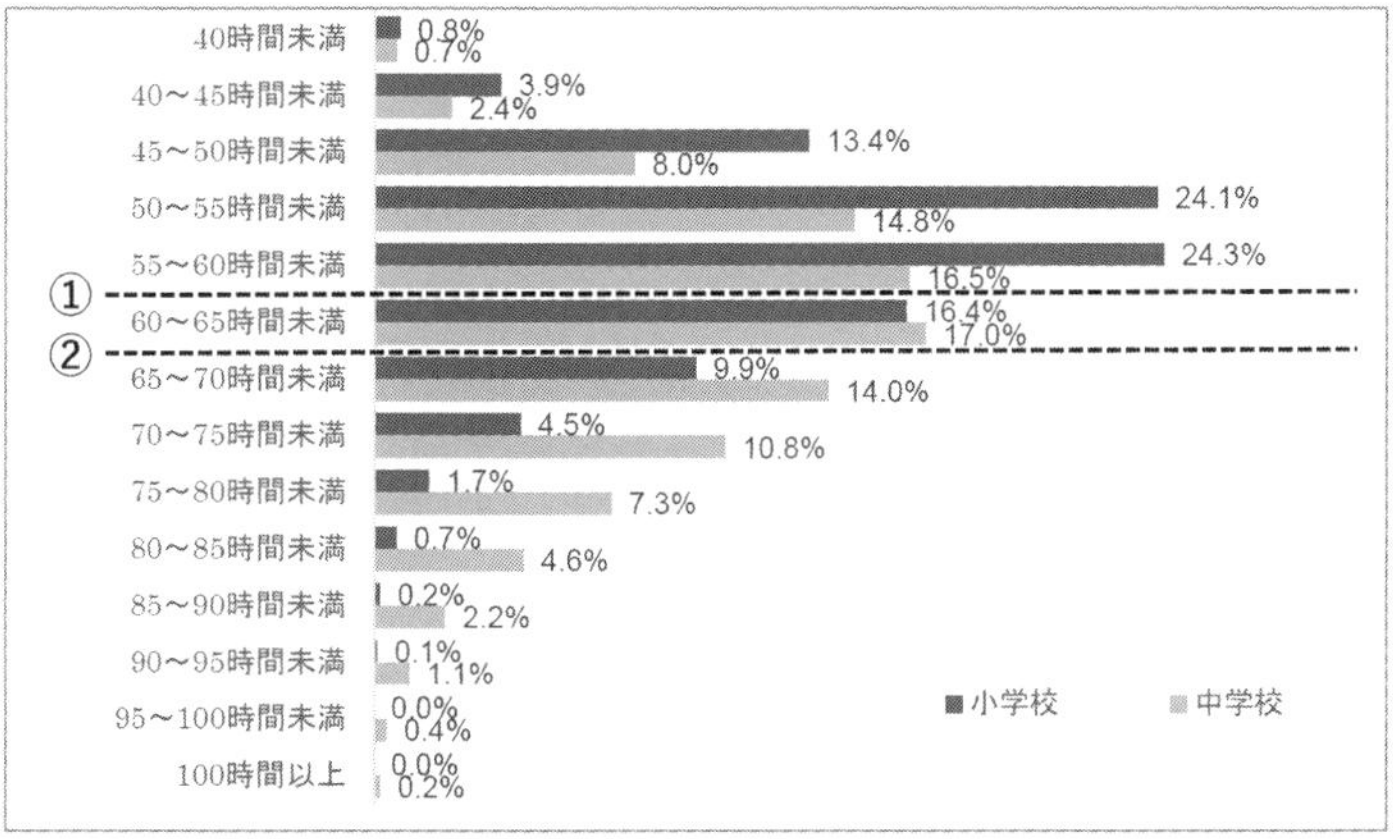

図５−１　公立の小中学校教員における一週間あたりの学校内での勤務時間数の分布

※文部科学省が公開した「一週間当たりの学内総勤務時間数の分布」の図に、筆者が①と②の線を追記した。

他職種との比較データもある。

連合総合生活開発研究所（以下、連合総研）が全国の教員を対象に2015年12月に実施した調査（報告書『とりもどせ！教職員の「生活時間」』）によると、小学校教員の平均像は、出勤時刻が7時31分、退勤時刻が19時4分で、在校時間は11時間33分に達する。中学校教員は、出勤時刻が7時25分、退勤時刻が19時37分、在校時間は12時間12分で、小学校教員よりもさらに長時間の勤務実態が認められる【図5-2】。

連合総研による2007年時点の調査では、民間労働者の出勤時刻が9時00分、退勤時刻が18時15分、在社時間（職場にいる時間）が9時間15分である。小中学校の教員はそれと比べて、圧倒的に長時間働いていると言える。

3　休みなき教員の一日

インターネット上ではいくつかのサイトで、教職を目指している大学生に向けて「教員の一日」が紹介されている。たとえば、「教採合格ネット」（http://kyousai-goukaku.net/）にも、小学校と中学校それぞれの具体的な例が示されている。これらのページは、けっして教職の過酷さを誇張するためのものではなく、単純に「教員の一日」を具体化したものである。

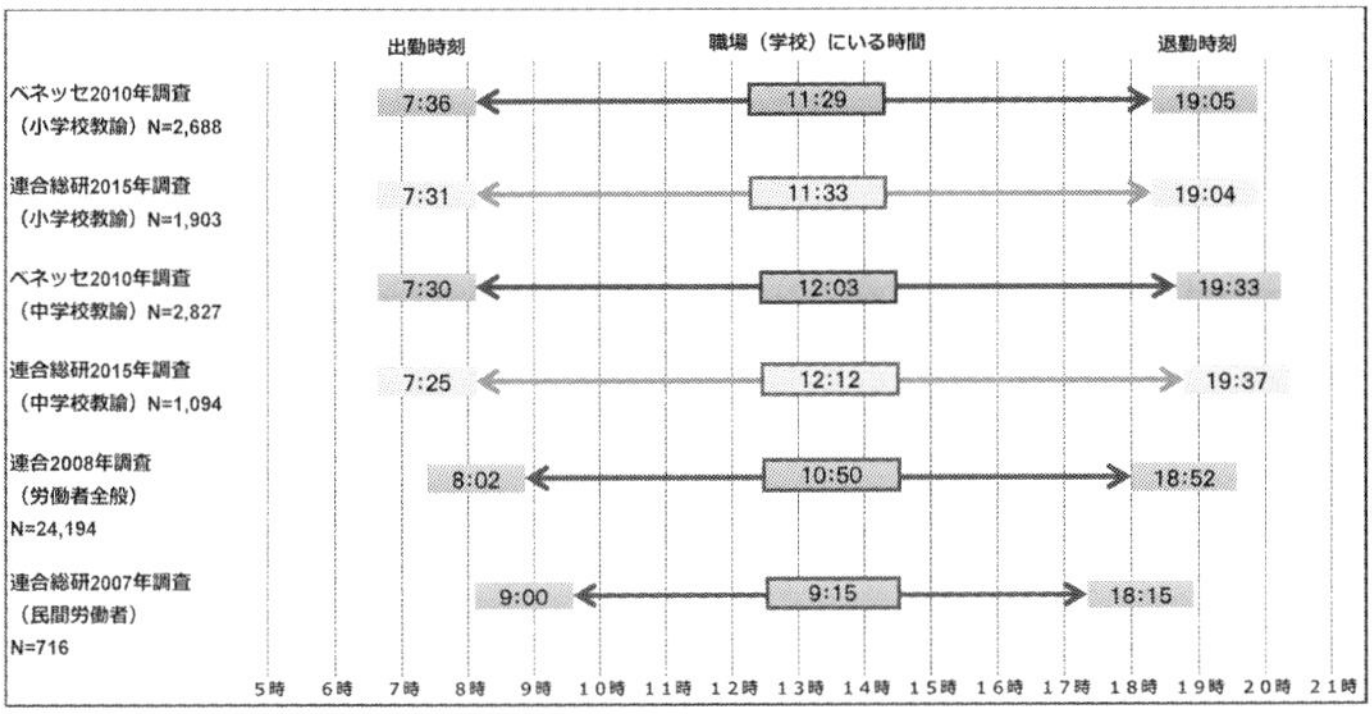

図５−２　小学校教諭（上）と中学校教諭（下）における平均的な出勤・退勤の時刻

※連合総研『とりもどせ！教職員の「生活時間」』より転載。

調査は 2015 年 12 月に、全国の公立小･中学校、高等学校（全日制と全日制･定時制併置）、特別支援学校の計 5001 名の教諭を対象に実施された。内訳は小学校が 2835 名、中学校が 1700 名、高等学校が 326 名、特別支援学校が 140 名、回収数は小学校が 1903 名（67.1%）、中学校が 1094 名（64.4%）、高等学校が 196 名（60.1%）、特別支援学校が 91 名（65.0%）である。

なお本調査の対象となった教員は、日本全体の教員の構成に比べて、わずかではあるがいくつかの相異がある。

たとえば、本調査の小学校における男性教諭の割合は 48.1% であり、日本全体の 35.1% を 13.0% 上回っている。中学校の場合、本調査では男性教諭の割合は 64.7%、日本全体では 56.3% であり、本調査のほうが 8.4% 多い。その他にも、本調査のほうがやや年齢が若く、また規模の大きい学校の教員がやや多く含まれる。

とくに若年層の男性教諭の勤務時間が長いことが各種調査から知られていることから、本調査は日本全体の実情よりもやや勤務時間が多く算出されうる可能性があることを断っておきたい。ただし、その可能性をデータから差し引いたとしても、それが焼け石に水であるくらいに、そもそもの勤務時間が長すぎることに、すぐに気づくことだろう。

「教採合格ネット」に紹介されている教員のケースを紹介しよう【図5-3】。

ある小学校の先生は、朝8時前には出勤し、授業準備から一日が始まる。19時過ぎには帰宅するものの、一部の仕事を持ち帰り、自宅で22時から23時の間に処理する。在校時間は約11時間30分で、先述の連合総研の調査における小学校教員の数値とほぼ同じである。

ある中学校の先生は、かなり朝が早く、部活動の朝練を指導するために、6時30分には学校に着いている。帰宅は20時で、在校時間は約13時間30分に達する。連合総研の調査よりも1時間30分も長い。

図を読む際に注意しなければならないのは、給食の時間帯は、けっして休憩時間には当たらない点である。むしろ、「指導」の時

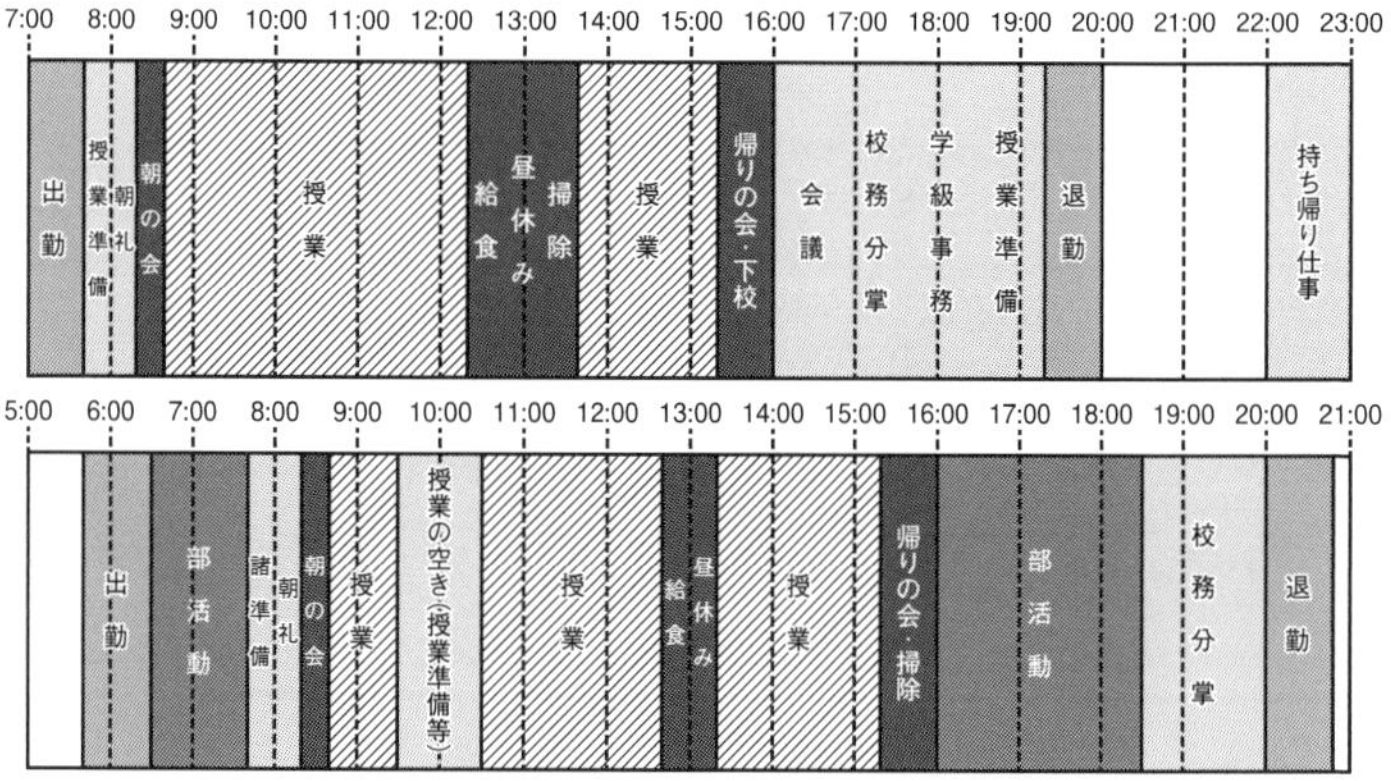

図5-3　小学校・中学校教員の一日（上・小学校　下・中学校）

※「教採合格ネット」の「教師の1日（小学校編）」「教師の1日（中学校編）」のページをもとに、筆者が作図

間帯であり、実際に「給食指導」という言葉もある。
小学校の給食の時間は、次のように紹介されている。

午前の授業が終わるのは12時20分。ようやく、うれしい給食の時間です。給食係が配膳を済ますと、日直の号令で「いただきます」。もちろん、先生も教室で、子どもたちと一緒に食べます。

A先生は班の中に入り、子どもたちの様子をよく観察しながら、クラスの人間関係や一人ひとりの健康状態を把握するそうです。

給食の時間は短いため、限られた時間のなかで、子どもが昼食を終えなければならない。配膳の指導から子どもとのコミュニケーションまで、先生は落ち着く暇もない。小中学校で、「給食を食べるのは、めっちゃ早い」「かき込むように食べる」という先生は多い。

中学校では、授業の空き時間が一日につき1コマ（50分間）ほどある。この空き時間は、授業の拘束を離れて、さまざまな仕事をこなすことができる貴重な時間である。

2時間目は空き時間。といっても、お茶を飲みながら一息……というわけにはいきません。授業で使う教材の準備をしたり、小テストの採点をしたりしていると、あっという間に50分が過ぎていきます。

空き時間には、その他にもクラス全員の生活ノートをチェックしコメントを書き込んだり、定例の会議に出席したりと、ここも休む余裕などない。

そして、図中の「昼休み」や、図には記載していないものの授業と授業の間にある10分の「休み時間」もまた、休憩時間には当たらない。休み時間の場合には、教室と職員室の往復だけで時間はすぐになくなってしまう。授業後に子どもから質問があった場合には、さらに余裕がなくなる。

昼休みであっても、子どもに声をかけたり、相談に応じたり、いっしょに遊んだりしているうちに時間は過ぎていく。子どもが学校にいる限り、先生の一日はすべて実質的に教育活動になってしまうのだ。

4 一日の休憩時間はたったの10分

教員の働き過ぎが長らく問題視されてきた。そのなかで放置され続けてきたのが、「休憩できない」問題である。

長時間のなかで先生たちはほとんど休憩をとっていない。超過勤務は当たり前で、かつ休憩時間もないというのが、教員の働き方の実態である。

教員の休憩時間の短さは、いくつかの調査で明らかになっている。

2006年度、文部科学省が40年ぶりに実施した全国の教員勤務実態調査によると、正規の勤務時間帯と残業時間帯で教員がとった休憩時間は、表に示したとおり小学校・中学校ともに10分程度しかない【表5-1】。

2012年度に関東圏で実施された調査においても、教員の休憩時間は、正規の勤務時間帯と残業時間帯を合わせて、小学校・中学校いずれも4分であった（青木栄一・神林寿幸、2013「2006年度文部科学省『教員勤務実態調査』以後における教員の労働時間の変容」『東北大学大学院教育学研究科研究年報』62（1）：17-44頁）。

これまで学校現場に何度か足を運ぶなかで私が強く感じたのは、小学校のとくに低学年の担任における不自由さである。休み時間も、いろんな子どもが先生に話しかけてくる。

「トイレに行く時間もない」は、小学校の女性教諭に

表5-1　小・中・高等学校における教員の休憩時間

	小学校	中学校	高等学校
7月通常期	11分	11分	—
8月夏期休業期	48分	42分	—
9月通常期	12分	13分	—
10月通常期	7分	9分	30分
11月通常期	8分	9分	29分
12月通常期	7分	9分	30分

※ベネッセ総合教育研究所に掲載されている「平成18年度文部科学省委託調査『教員勤務実態調査（小・中学校）報告書』」より転載。

おける定番の悩みである。子どもが話しかけてくるのをうまく回避して、教室から離れた職員トイレまで行かなければならない。トイレに行く回数をできるだけ少なくしようと、朝から水分をできるだけ摂取しないようにしているという先生もいる。

この話題をTwitterで展開したときには、「私、膀胱炎になったことがあります」という告白が相次いだ。そして、生理のときはさらに大変だ。通常の用を足す以上に時間がかかる。トイレに行く時間がとれないことを想定して、夜用のナプキンを着用して乗り切る先生もいる。

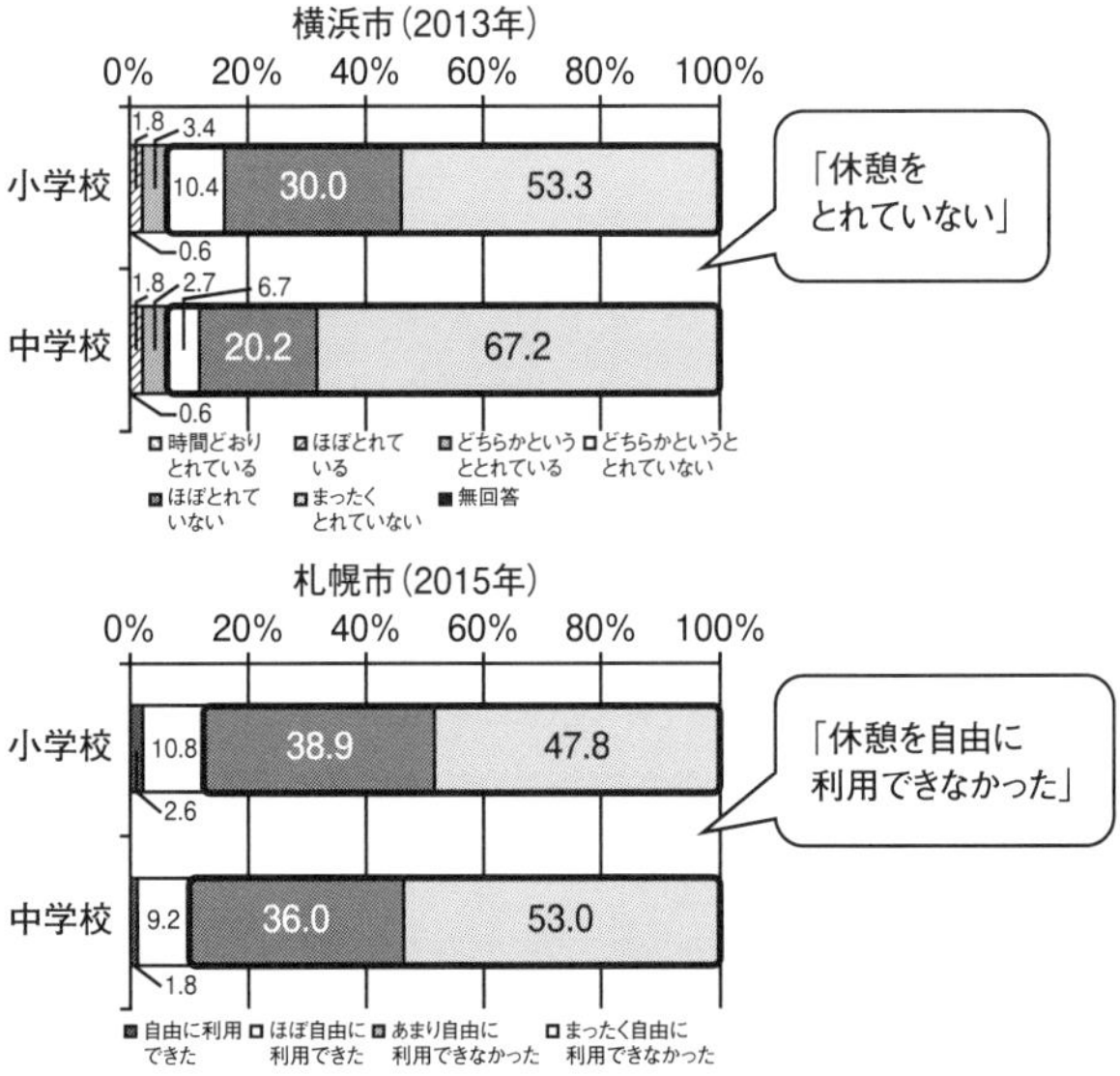

図5－4　休憩時間の利用状況

※横浜市と札幌市それぞれの調査報告書をもとに筆者が作成。横浜市の調査は2013年の11月～12月にかけて実施、市立学校の全教員を対象としている。回答者数は13053名、回答率は92.8％である。札幌市の調査は、2015年の2月に実施。市立学校の全教員を対象としている。回答者数は4610名、回答率は60.9％である。

横浜市が２０１３年に実施した「教職員の業務実態に関する調査」では、「勤務時間内に休憩時間（10時から16時までの間に45分間）がとれていますか」という質問に対して、「まったくとれていない」だけでも小学校で約５割、中学校で約７割の教員がそう回答している。「ほぼとれていない」「どちらかというととれていない」をくわえると、小学校と中学校いずれも約95％に達する。

札幌市が２０１５年に実施した「教員の勤務実態調査」においても同様に、勤務時間内の業務において「休憩時間を自由に利用することができましたか」という質問に対して、「まったく自由にできなかった」が小学校も中学校も約半数を占め、「あまり自由にできなかった」をくわえると否定的回答は約９割に達する【図５-４】。

5　先生には夏休みがある？

一日単位で見たときだけでなく、一年単位で見たときにも、先生たちに休みはない。「先生には夏休みがあって羨ましい」という声を、たびたび耳にする。先生は、おおよそ７月下旬から８月いっぱいまで、子どもと同様に「休んでいる」という理解である。

だが結論を先に言えば、先生は休んでいない。夏休み中の毎日は、立派な勤務日である。それどころか、平日でも残業をし、さらには土日に出勤することさえしばしばある。夏休みは、学期中の授業はない。そうだとすれば、はたして先生たちは、夏休みに何をしているのか。

夏休み中、先生たちにはたしかに通常の授業がある期間よりは、時間にゆとりがある。有給休暇を取得することも珍しくない。

ただし、教員の年間の有給休暇取得日数は、けっして多くない。ややデータは古いが2006年に約40年ぶりにおこなわれた「教員勤務実態調査」によれば、小学校教員が11・4日、中学校教員は8・9日である【図5-5】。同じ2006年で比較をすると、民間8・3日、地方公務員11・3日、国家公務員13・2日である。おおざっぱにいうと、中学校教員は民間並み、小学校教員は地方公務員

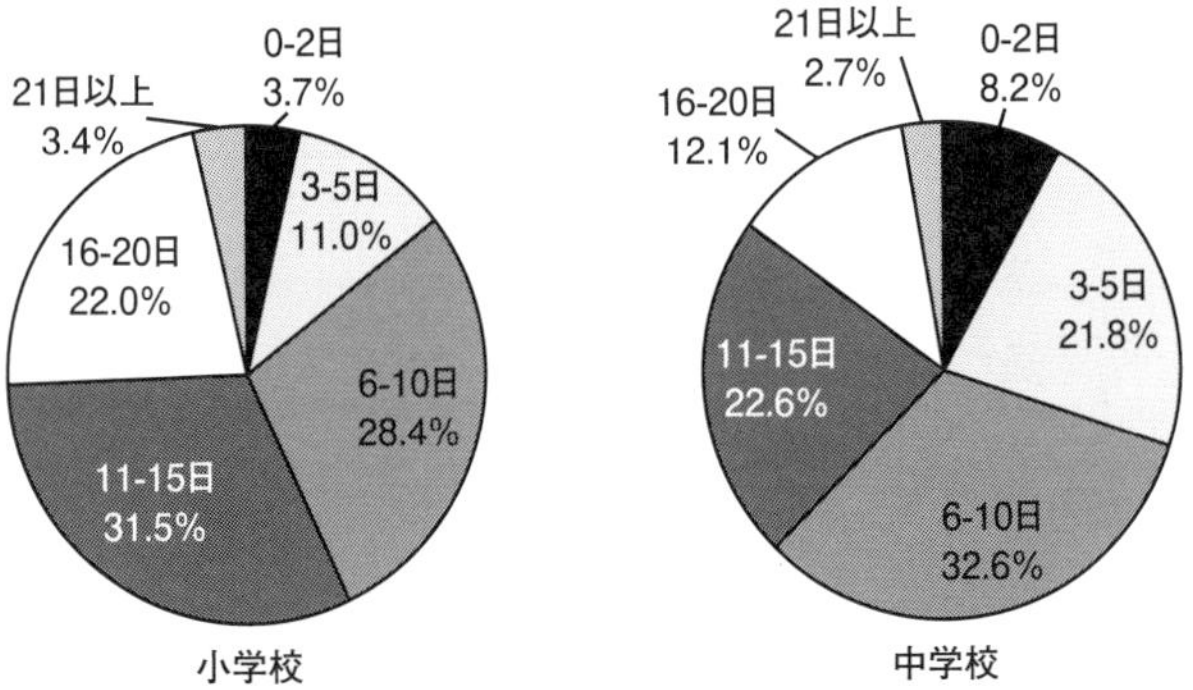

図5−5　小学校教員，中学校教員における有給休暇の年間取得日数

※文部科学省「平成18年度教員勤務実態調査」の報告書をもとに、筆者が作成。「教員勤務実態調査」では、「0-2日／3-5日／6-10日／11-15日／16-20日／21日以上／昨年度の勤務が1年未満／無回答・不明」という質問で有給休暇の実情が調査されている。具体的な平均値を算出するために、まず「昨年度の勤務が1年未満／無回答・不明」を省き、さらに日数を「1日／4日／8日／13日／18日／23日」に置き換えて計算をおこなった。

並みである。

そもそも学期中（授業のある期間のこと）は、教員は有給休暇をほとんど取得できない。学校を休めば、個人としての仕事が進まないどころか、自分が担当するクラスの子ども全員の学習進度に影響を与えてしまう。それゆえ、有給休暇を取得しないだけでなく、土曜日や日曜日に個人的に出勤した場合の振替日を取得することもない。

有給休暇を利用できるのは、夏休みをはじめとする長期休暇の期間中である。その点に限っていうと、夏休み期間中は、学期中と比較してあるいは民間企業の労働者と比較して、いくらかゆとりがある。しかし、だからと言って年間を通してみてみると、他の職種よりも有給休暇を多く取得しているというわけではない。

6　夏休みも残業、土日出勤

夏休みであっても、学期中よりはマシとは言え、残業があり、土日の仕事もある。

先の「教員勤務実態調査」を詳細にみてみると、中学校の教諭は、夏休み中の平日に8時間28分の勤務をしている。しかも、自宅への持ち帰りの仕事が15分（計8時間43分）ある。夏休み中の休日であっても、47分の勤務をこなし、自宅でも50分の時間を仕事に費やしている。

小学校教諭の場合には、平日は8時間3分の勤務（＋自宅持ち帰りが16分）、休日は5分の勤務（＋自宅持ち帰りが35分）である。しっかりと8時間の勤務をこなしている。

中学校教諭で30歳以下の場合には、夏休み中の勤務時間数はさらに増加する。平日は8時間44分の勤務と、12分の自宅持ち帰り仕事（計8時間56分）がある。休日には1時間5分の勤務と54分の持ち帰り仕事（計2時間）である。

なお、細かいこととして、夏休みの休日に1時間5分だけ学校で仕事をするのが一般的という理解は、実像からはややずれていると推察される。たとえば、土日のうち土曜日だけ2時間10分（1時間5分の2倍）、日曜日は0分の場合、休日の平均値としては1時間5分となる。さらに、その土曜日にX教諭は4時間20分（2時間10分の2倍）、Y教諭は0分の場合、教諭の「平均値」としては2時間10分

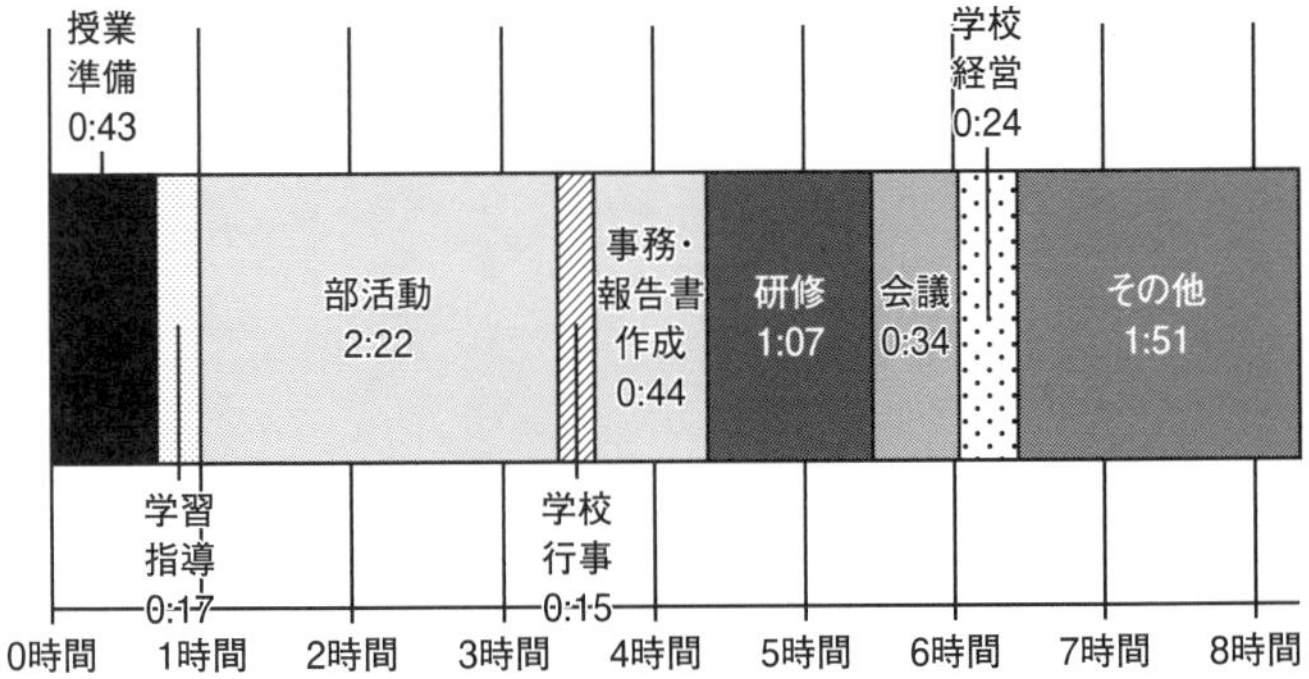

図5－6　中学校教諭における夏休み中の勤務内容（平日）

※文部科学省「平成18年度 教員勤務実態調査」の報告書をもとに、筆者が作成。

となる。

「教員勤務実態調査」をさらに読み込んでいくと、夏休みの勤務内容も見えてくる。中学校教諭に関して、平日の主な勤務内容別に時間配分を見てみると、図にあるとおり、部活動指導、研修、事務・報告書作成、授業準備などに多くの時間が割かれている。研修はとりわけ夏休みに特徴的な仕事内容である【図5-6】。

ただしこれも、数値上の「平均値」に基づいているため、現実にはある日は部活動指導が4時間、別の日は、部活動は0時間で研修が4時間といったように、具体的な1日の勤務内容は、図とは異なっていることも多々あると考えられる。

いずれにせよ、中学校ではやはり部活動が、夏休み中の平日勤務の主要部分である。考えてもみれば、「夏休み」とは言っても、部活動のために学校に向かう生徒の姿をよく見かけるではないか。いまの保護者世代も、中高生の頃には、土日関係なく毎日のように部活動に参加していたのではないだろうか。生徒に夏休みがないのと同様に、先生にも夏休みはないのである。

7 労働基準法の「休憩時間」が確保されていない違法状態

話題を、「休憩時間」に戻そう。

教員における一日の勤務のなかで大きな問題は2つある。第一が、朝早くから夜遅くまでの長時間労働である。第二が、休憩時間が確保されていないことである。

すでに述べたとおり、前者の長時間労働に関しては、今日マスコミも教育行政も重大な問題として認識している。一方で、後者の休憩時間の確保に関する議論はわずかである。ここでは休憩時間の法的位置づけについてもう少し掘り下げていきたい。

教員の労働は、一部の事項を除いて基本的には労働基準法の管理下にある。休憩時間の確保も、労働基準法の条項が適用される。

労働基準法における「休憩時間」は、第34条に次のように定められている。

> 第三十四条　使用者は、労働時間が6時間を超える場合においては少くとも45分、8時間を超える場合においては少くとも1時間の休憩時間を労働時間の途中に与えなければならない。

（2）前項の休憩時間は、一斉に与えなければならない。ただし、当該事業場に、労働者の過半数で組織する労働組合がある場合においてはその労働組合、労働者の過半数で組織する労働組合がない場合においては労働者の過半数を代表する者との書面による協定があるときは、この限りでない。
（3）使用者は、第一項の休憩時間を自由に利用させなければならない。

簡潔にいうと第34条では、（1）休憩時間は労働時間の途中に設けられること（途中付与の原則）、（2）原則として一斉に与えられること（一斉付与の原則）、（3）自由に利用させること（自由利用の原則）が定められている。

教員の所定労働時間は7時間45分である。6時間を超えているため45分以上の休憩が必要である。先述の調査では、教員は一日に10分程度しか休んでいない。この時点で、すでに違法状態である。

しかも、はたしてその10分とはどのような質をもった時間だったのか。基本的に休憩時間とは、自分の意志で自由に利用できる時間帯である。だから、職員室でお茶を飲んでいるひとときを、休憩時間とよぶのは難しい。なぜなら、そこで子どもが先生のところにやってきたら、多くの先生はすぐに子どもに応じるだろう。電話がかかってきても、「お茶を飲んでいるから」と、応対を断る教員はまれだ。

このように、何らかの用事にすぐに対応することが求められる事態は、「手待ち時間」とよばれ、一般に業務時間に含まれるものと解される。先生たちが回答した10分程度の休憩時間というのは、おそらくこの手待ち時間に該当するものであり、一切の業務を受け付けない時間ではないように想像される。

8 無理矢理の休憩時間設定

さらにいうと、休憩時間は勤務時間の途中に与えられなければならない。多くの労働者は、昼食時がその休憩時間に相当している。だが、先述したように教員は、昼食時は給食指導であり、その後の昼休みも指導や相談、校務で時間が過ぎていく。お昼の時間帯は、休憩時間には当たらない。

このような労働上の特性から、休憩時間は形式的には授業後のショートホームルームを終えてから与えられることが一般的である（ただし、お昼に20分、ショートホームルームの後に25分といった例もある）。

東京都教職員組合のウェブサイトを見てみると、8時15分に勤務が始まり、15時45分まで勤務が続く。そこから45分間の休憩時間があり、16：30から勤務を再開し15分だけ働いて退勤という割り振りが例示されている。

労働基準法における休憩時間の途中付与の原則を忠実に守れば、休憩時間はどうしても16時付近に設定せざるをえない。だがもうその時間は、一日の勤務が終わる頃である。そこに無理矢理に、途中付与の原則にしたがって休憩時間を挿入しているため、最後に15分だけ勤務をして退勤する、という流れになる。

そもそも教員は、自由利用の45分休憩を確保しているわけではないから、休憩時間はどこに設定されていようが、実質的には何の影響もない。だが形式的なものであったとしても、16時頃の45分休憩とはあまりにも無意味である。

そして実際には、さきほど示した教員の一日の例をみてもわかるように、ショートホームルームが終わると、小学校の先生のケースでは会議などの業務があり、中学校の先生のケースでは部活動が入っている。

会議は明白な仕事であるから、先生は法定上の休憩時間に校務をこなしていることになる。部活動は、先生によっては「自分の意志で自発的に指導しているから、休憩時間を費やすことに問題はない」と主張するかもしれない。個別にはそれが正論だと仮定しても、第4章でみたように、全員顧問制度が実行されているからには、強制的にそこに巻き込まれる教員が一定の割合存在する。休憩時間に、部活動指導を強制されているのだ。無法地帯の闇は深い。

9 教員の半数は「休憩時間数を知らない」

自分の置かれている状況が異常であると自覚できなければ、その人たちがみずから声をあげることはない。学校現場ではまさに、無法地帯であることを自覚する機会さえ奪われている。

制度上の休憩時間が、どれくらいあるのかさえ把握していない教員が多い。

再び連合総研の報告書を参照してみると、制度上における「1日の休憩時間数」について、小学校では45・0%の教員が、中学校では48・8%の教員が「知らない」と回答している【図5-7】。

報告書の指摘は、鋭くかつ厳しい。

> 教員の側からすれば、「知らない」のではなく「知る必要がない」のである。学校は「教職調整額」によって超過勤務という意識が育たないこと、また献身的な教師像や労働観を是とするこれまでの学校文化が教員によるタイムマネジメントを疎んだことも背景にある。
>
> (連合総合生活開発研究所『とりもどせ! 教職員の「生活時間」』)

「教職調整額」（俸給の月額4％分の手当て。代わりに残業代が支払われない）によって超過勤務の自覚がなくなり、さらにはそれが献身的な教師像によって正当化されてしまうというのだ。

現状やその背景の法制度のことを知ったところで、長時間労働が当たり前でありかつそれを正当化する世界では、もはや何も「知る必要がない」。批判的思考を奪われた教師像が、浮かび上がってくる。

じつはこの指摘は、部活動を含む教員のブラックな勤務実態について、その背景を見事に見抜いている。すなわち、長時間労働が抑制されないのは、一つに「教職調整額」を含めた法制度の問題があり、もう一つに長時間労働を美化する教員文化の問題があるということだ。最後に、この2点に言及して本章を閉じたい。

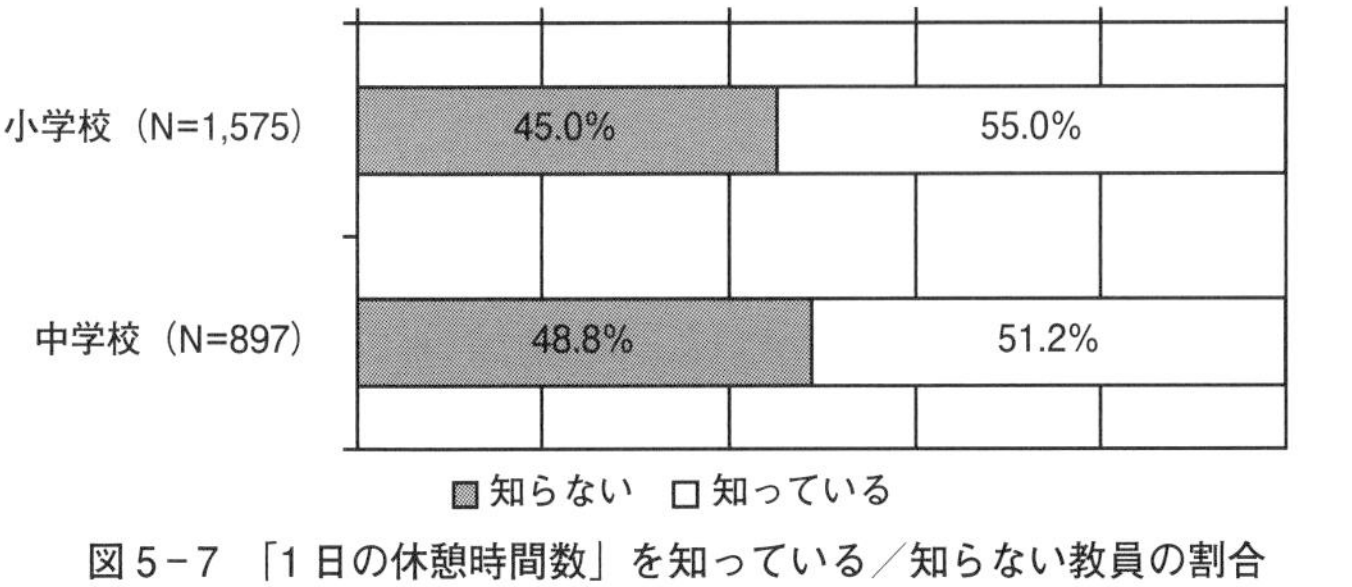

図5-7　「1日の休憩時間数」を知っている／知らない教員の割合

※連合総研『とりもどせ！教職員の「生活時間」』より転載。

10　諸悪の根源「給特法」

まずは法制度の問題点を指摘しよう。

教員の長時間労働が引き起こされる背景は、そもそも教員の日常の勤務がほとんど管理されていないということがある。朝何時に出勤し、何時に退勤しているのか。残業時間は何時間なのか。そういったことを考えなくて済む（先ほどの言葉を借りれば、「知る必要がない」）ような法制度の仕組みがあるのだ。

公立学校の教員の勤務には、基本的に労働基準法が適用される。だが、時間外勤務や休日勤務については、割増賃金（残業代）を支給しなければならないことを定めた労働基準法第37条の適用外とされている。その代わりとなるのが、長時間労働の諸悪の根源と言われる「給特法」（「公立の義務教育諸学校等の教育職員の給与等に関する特別措置法」）である。

「給特法」は、「公立の義務教育諸学校等の教育職員の職務と勤務態様の特殊性に基づき、その給与その他の勤務条件について特例を定める」（第一条）ために、１９７１年5月に制定された。

「職務と勤務態様の特殊性」とは、具体的には、専門的・哲学的な素養を必要とし、その向上のために研修が要請されること（職務の特殊性）、そして修学旅行や遠足などの活動や家庭訪問という教員個人の勤務など学校を離れておこなわれる勤務があること（勤務態様の特殊性）を指す（日本教職員組合、２０１７『Ｑ＆Ａ教職員の勤務時間』アドバンテージサーバー）。「義務教育諸学校等」とは、学校教育法に規定する公立の小学校、中学校、義務教育学校、高等学校、中等教育学校、特別支援学校又は幼稚園を指す。

さて、ここからが重要である。「給特法」では、「給料月額の百分の四に相当する額を基準として、条例で定めるところにより、教職調整額を支給しなければならない」（給特法第三条第一項）と定められている。他方で４％の教職調整額を支給する代わりに、「時間外勤務手当及び休日勤務手当は、支給しない」（給特法第三条第二項）ことが明記されている。残業代は支給しないけれども、給料月額の４％分をあらかじめ支給するという規定である。

ただし、「教育職員を正規の勤務時間を超えて勤務させる場合は、政令で定める基準に従い条例で定める場合に限るものとする」（給特法第六条第一項）と規定されているため、時間外勤務がまったく想定されていないわけではない。

その「政令で定める基準」に当たるのが、「公立の義務教育諸学校等の教育職員を正規の勤務時間を超えて勤務させる場合等の基準を定める政令」（もともとは１９７１年７月の時点で、文部省訓令28号「教育職員に対し時間外勤務を命ずる場合に関する規程」として定められたもの）である。

同政令はまず、「教育職員については、正規の勤務時間の割振りを適正に行い、原則として時間外勤務を命じないものとすること」（第一条）とする。そのうえで、例外的な時間外勤務に関して、「教育職員に対し時間外勤務を命ずる場合は、次に掲げる業務に従事する場合であって臨時又は緊急のやむを得ない必要があるときに限るものとすること」として、「校外実習その他生徒の実習に関する業務」「修学旅行その他学校の行事に関する業務」「職員会議に関する業務」「非常災害の場合、児童又は生徒の指導に関し緊急の措置を必要とする場合その他やむを得ない場合に必要な業務」の4つを定めている。これら4つの業務は、「超勤四項目」あるいは「限定四項目」とよばれる。

つまり、政令において原則として時間外勤務は認められていないものの、臨時または緊急の場合であり、かつ4つの限定的な業務についてのみ、管理職はそれを命じうるということである。

以上の法規定は、次のとおりに整理できる。第一に、管理職は教員に対して、原則として時間外勤務を命じることはできない。だが第二に、臨時または緊急の場合においてのみ、四項目（実習、学校行事、職員会議、非常災害）に限って、時間外勤務を命じることができる。ただし第三に、時間外勤務の手当は支払われず、代わりに月額4％分の「教職調整額」が支払われる。

なお、この「教職調整額」における給料月額の4％分というのは、1966年度に文部省が実施した「教員勤務状況調査」において一週間における時間外勤務の合計が、小中学校で平均1時間48分であったことから算出されたものである。1週間平均の超過勤務時間が年間44週（年間52週から、夏休み4週、年末年始2週、学年末始2週の計8週を除外）にわたっておこなわれた場合の時間外勤務の手当に要する金額が、超過勤務手当算定の基礎となる給与に対し、約4パーセントに相当するという算出根拠である（中央教育審議会初等中等教育分科会「教職員給与の在り方に関するワーキンググループ」第10・11回配付資料4-2より）。

「給特法」等の規定は、教員の時間外勤務が1966年当時のようにわずかであれば、教職という仕事の特殊性に沿った合理的な仕組みであったと言える。残業はできないし残業代も支払われない、だけど、学校外での業務を含めていろいろと雑多なことがあるから、給料月額の4％分はあらかじめ上乗せしておこうということである。

ところが今日の教員は、実質的には日々その4％分（時間にして一日あたり20分弱）をはるかに超えて残業しているため、「教職調整額」はその対価としてまったく不十分である。しかもその日常的な残業の内容というのは、けっして臨時または緊急性があるわけでもなく、超勤四項目に該当しているわけでもない。違法な勤務が常態化している。

「給特法」等の規定により、教員は特別な場合を除いて、定時に仕事を終えていることになっている。教員に、時間外勤務は想定されていない。定時で職務を終えて、あとは帰るだけ。もし職員室に残っている人がいるとすれば、それは自主的に残っているだけなのだ、と。このように法律が定めているため、教員は時間外勤務を把握する必要がない、いや時間外勤務をしているはずがないのだ（もちろん現実はまったくの逆で、夜遅くまで働いている）。こうして、教員の時間外勤務が青天井で増大していくのである。

11 休まないことが美化される!?

長時間労働に歯止めがきかないことの背景の一つは、法制度の不備にあった。そして、もう一つの背景は、長時間の労働を「献身的」「教育熱心」と美化する教員文化に求められる。過酷なスケジュールのうえに、教員には残業代は支払われない。土日の出勤も、（とくに部活動指導の場合には）当たり前。これほどまでに負担が大きいにもかかわらず、それを美談にする教員文化がある。

たとえば、校長は教育実習生における勤務時間外の活動を、次のように高く評価している。

教師を志して日々奮闘する姿を、本当に頼もしく感じます。

私が実習生だった頃、子どもがかわいくて仕方なく、先生方からの厳しく温かい指導のもとで、夜遅くまでときには徹夜をしながらも、授業の準備に打ち込みました。それが、その後の教師人生に大いに役立ちました。

（ある学校だよりから。文意を損なわないかたちで、文章を適宜編集した）

今日も教育実習生が、朝は早くから夜は遅くまで、真剣に誠実に、実習に取り組んでいます。教育とは、子どもの可能性を引き出す営み、それがどれほど素晴らしいことか。教師という仕事への憧れとやり甲斐を、しっかりと感じてもらいたいと思います。

（ある校長のブログから。文意を損なわないかたちで、文章を適宜編集した）

実習生が長時間にわたって励む姿こそが、教師のあるべき像だという。なぜなら、それが「子どもがかわいい」「子どもの可能性を引き出したい」という意志のあらわれとみなされるからである。

なるほど、先述した小学校教員の一日に関する記事においても、最後にその教員は「子どもと過ごすのは楽しいし、教材研究や校務も苦痛だと思ったことはなく、むしろどうしたら授業が楽しくなるか、クラスが盛り上がるかといつも考えています」と、語っている。そして、記事はこう締めくくられている――「これぞ教師の鑑ですね」。

「子どものため」に夢中になって職務に没頭していく。それを教師のあるべき像として讃えるかぎり、どれほど教員の仕事が増えていっても、それをこなしていくことが正当化され、長時間労働の問題はまったく見えてこない。

教育という仕事は、たしかに子どもの未来をつくりだす、尊い仕事である。だが、だからこそ先生たちには健全な労働者として過ごしてほしい。疲れ切った労働者のもとで、よい教育が生まれるとは、私には思えない。

私が知る教員は、「匿名にしているけれど、Twitterで仕事の不満を言うことに罪悪感がある」と言っていた。先生たちは、本当に熱心に、「子どものため」を思って仕事をしている。

残業の実態を見える化させない法制度と、残業の実態を正当化する教員文化。職員室のなかにいる限りは、当事者にはこの問題はなかなか自覚されない。教員の働き方改革を進めるためには、学校内部の教員文化に風穴を開けなければならない。そのためには、国や自治体の教育行政による外部からの積極的なはたらきかけが、不可欠なのである。

部活動の法的根拠を探るなかで見えてきたこと

中学校教諭　部活問題対策プロジェクト　神原　楓

「校長が部活動の顧問を命令することは可能か？」という議論が真由子ブログのコメント欄で盛んに行われた。給特法（超勤四項目）を基に議論は進み、次のような主張が見られた。「校長は、勤務時間外の部活動の指導を命令することはできない。しかし、10分程度ではあるが勤務時間内に部活動の指導ができるため、部活動の顧問を命令することはできる」。

しかし、「平日は10分だけ練習。土日は練習なし」というような、勤務時間内だけの部活動運営をしようものなら、保護者からのクレームが噴出することは必至である。教師としての信頼も地に落ちかねない。ひとたび部活動の顧問を命令されれば、教師は勤務時間外や土日も部活動の指導をせざるを得ないというのが学校現場の実態なのだ。

「勤務時間内に10分程度の部活動の指導ができるから、校長は教員に部活動の顧問を命令することができる？」そんな屁理屈が法的に許されるはずがない。部活動の顧問を命令することは絶対に違法なはずだ」と思った私は、教師の勤務に関する様々な裁判例を調べた。すると、労災の認定をめぐる「鳥居裁判」とよばれる裁判例を見つけた。この鳥居裁判の判決こそが、「部活動の顧問の命令＝違法」という理論に説得力をもたせるものなのである。

この裁判では、過労により病気で倒れた中学校教諭の鳥居先生の残業が、「教師の自発的な行為」

だったのか「校長からの命令」だったのかが争点となった（※本来、給特法により校長は残業の命令はできない）。労災を認定したくない被告側の主張は、「管理職は残業の命令をしておらず、残業は鳥居先生の自発的なものだった」というものだった。「校長は残業の命令をできないのだから、鳥居先生は勝手に残業をして勝手に倒れた」というとんでもない主張だ。

判決では、被告側の主張は退けられ「勤務時間外に職務をせざるをえなかった場合、残業の命令がなかったとしても、残業を命令されたこととなる（包括的職務命令）」とされ、労災が認められて鳥居先生側の勝訴となった。教師の勤務時間後の部活動の指導や、教材研究等の残業は、自発的なものではなく公務であり、校長から命令されたものだったと認められたのだ。

現在、教師は自らの意思に関係なく顧問への就任を余儀なくされている。多くの教師が、無賃の部活動の指導を強いられて苦しんでいる。校長から部活動の「顧問」を命令されれば、勤務時間外に部活動の「指導」をせざるを得ない。部活動の「顧問」を命令されることは、勤務時間外の部活動の「指導」を命令されることと同等なのだ。つまり、鳥居裁判の判決と給特法（超勤四項目）から考えると、校長からの「顧問就任の命令」は「勤務時間外の部活動の指導の命令」であり、違法である可能性が極めて高いということが指摘できる。給特法（超勤四項目）により、校長は教員に勤務時間外の部活動の「指導」を命令することはできないからだ。

第６章

素人が顧問

1 未経験顧問が雪崩に巻き込まれて死亡

２０１７年3月27日、栃木県那須町のスキー場付近で、県内７つの高校の山岳部による合同の「春山安全登山講習会」の開催中に雪崩が発生し、県立大田原高校の生徒ら８名が死亡した。多数の犠牲者が出た重大事案であり、マスコミは連日にわたって事故の詳細を報道した。

生徒が部活動で受ける被害については別途第7章で言及するとして、ここでは生徒を引率した顧問教員の被害に言及したい。というのもじつは、「生徒ら８名が死亡」のなかに、まだ若い29歳の山岳部顧問が含まれていたからである。

通常、部活動で生徒が事故死すれば、まずもって顧問の責任が問われることになる。この事故でも、雪崩の危険性を予測することはできなかったのか、事故後の連絡・救護体制は十分だったのかなど、顧問教員団の責任が厳しく問われている。だが、責任ある顧問教員団の一人とはいえ、亡くなったC先生が置かれた状況には、しっかりと目を向けなければならない。

顧問であるからには、その責任は追及されてしかるべきであるが、事情はそれほど単純ではないのだ。

報道によると、C先生は小学校の頃からずっと剣道を続けてきたものの、登山に関してはまったくの初心者であった。3回目の教員採用試験で念願の合格を果たし、2016年度から正規採用になったばかりで、第二顧問として剣道部を、第三顧問として山岳部を担当していた。一般に中学校や高校では、若手に運動部の顧問がまかされる傾向があり、複数の部活動を担当することも珍しくない。

第三顧問というと名前だけを当てて実際の活動にはほとんどかかわらないことも多い。だが、C先生は雪山という本格的で危険をともなう場所での実習に参加し、そこで雪崩に巻き込まれた。実際のところは、生徒を引率はしているけれども、ある意味生徒よりも経験がなかったかもしれない。

事故発生から一ヶ月を前に、C先生の父親は、息子が山岳部顧問を引き受けたことについて、「『山岳部は自分に合わない』と漏らしていた。『Cは真面目で優しいから断れなかったんだと思う』」と振り返った。

そして母親は涙ながらにこう訴えたという――「教員採用試験に受からなければよかった。試験の勉強で苦しんでいる方がましだった」（『産経新聞』東京朝刊2017年4月27日）。

部活動とは、いったい何だったのか。教職とは、いったい何をする仕事だったのか。

2　ボールにさわったことがあればOK

想像してほしい。もし職場の上司からあなたに突然、「明日から近所のA中学校で、バレー部の生徒を指導してほしい」とお願いがあったら、あなたはどう返すだろう？

「私には、そんな余裕ありません」とあなたが答えれば、「いや、もうやることになってるから」と返される。「バレーなんて、ボールをさわったことくらいしかないです」と抵抗したところで、「それで十分！」と説得される。

そして条件はこうだ――「平日は毎日夕方に所定の勤務時間を終えてから2〜3時間ほど無報酬で、できれば早朝も所定の勤務が始まる前に30分ほど。土日のうち少なくとも一日は指導日で、できれば両日ともに指導してほしい。土日は、4時間以上指導してくれれば、交通費や昼食代込みだけど一律に3600円もらえるから」と。

泳げない水泳部顧問、楽譜が読めない吹奏楽部顧問、受け身のできない柔道部顧問、字がヘタな書道部顧問、囲碁にしか興味がない将棋部顧問……。自分の専門性が発揮できるのであれば、まだマシかもしれない。だが自分はまったくの素人だ。そのうえ土日もつぶれるような過酷な勤務条件とあっては、負担感は増すばかり。なのにそこから逃れることは許されない。たくさんの先生たちが、こうした状況のもとで、部活動指導にあたっている。

教員は、まず部活動の顧問を強制的に担当させられ（第4章で論じた「全員顧問制度」）、さらに自分にまったく馴染みのないスポーツや文化活動を割り当てられる可能性が大いにある。日本体育協会の運動部活動に関する調査では、中学校で52・1％、高校で45・0％の教員が、担当する部活動について競技の「経験なし」（体育の授業で経験しただけ、あるいは年に数回活動しているだけの場合を含む）と回答している【図6-1】。教員は校長から、希望の部活動を事前に尋ねられはするものの、どうしてもミスマッチが生じてしまう。

これを生徒の立場に置き換えて考えてみよう。もし、国語の授業のときに、「私は理科の先生だけど、これから一年、このクラスの国語を担当します」と言われたら、生徒も保護者も困惑することだろう。もちろんそんなことは生じない。各教科の専門性は、大学における学習と教員採用試験によって

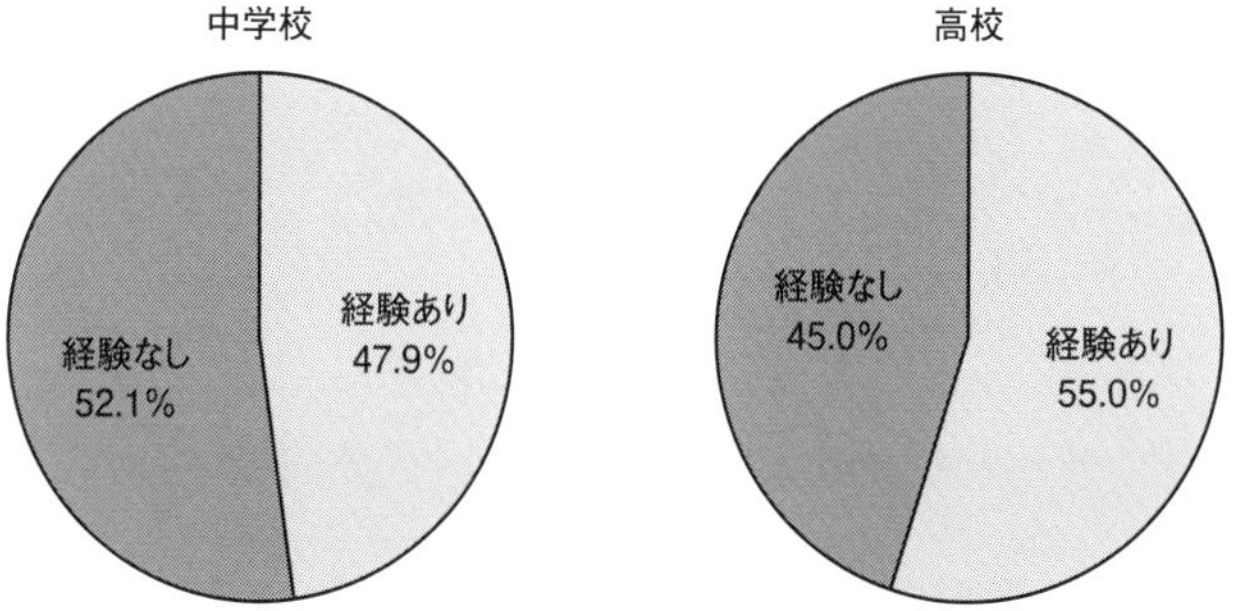

図6－1　運動部顧問における競技経験の有無

※日本体育協会『学校運動部活動指導者の実態に関する調査報告書』（2014）に掲載されている数値をもとに、筆者が作図。

保証されている。

だが、部活動はというと、大学で教員免許を取得する際に部活動の授業が開講されることは、ほぼない。それはくり返すように、部活動は教育課程外の活動だからである。生徒にしてみれば、部活動では平日も数時間、土日は半日かそれ以上を、素人の顧問からの指導を受けることになりかねない。生徒が国語を専門とする先生の授業を受けるのは毎日50分程度であることを考えると、これほど専門性のない指導が連日続くというのは、異常事態といえる。

3　素人顧問が語る苦悩

部活動を自動的に担当させられることにくわえて、その具体的な内容も選べない。これがすべて、「自主的な活動」という名のもとに、まかり通っている。ネット上では素人顧問の苦悩の声をいくつも見つけることができる。

中学校教員4年目です。自分が中高生のときは文化部に所属していましたが、いまは、まったく経験も興味もない運動部の顧問です。しかも、その運動部には、私よりもずっと長く指導を続けてきた外部指導者がいるので、顧問である私は、ただ何時間も練習や試合の様子を見ているだけです。関心のないスポーツを眺めるだけで時間が流れていき、授業準備のための時間や、体を休めるための時間は奪われていきます。

生徒にとってはその外部指導者こそが指導者であるため、顧問である私の言うことは聞いてくれません。もはや、なめられているといった感じです。私はもう、部活動のなかでは、自分の存在意義を感じることもできず、本当に悲しいです。なのに、生徒が問題を起こすと、私の責任が問われます。心身の負担が増えていくばかりです。

（部活問題対策プロジェクトのネット署名「教師編」に寄せられたコメントより。文意を損ねないかたちで、文章を適宜編集した）


まったく自分の馴染みのない競技種目を指導せねばならず、そのことで、生徒からの信頼は得られず、事故防止の方法もわからず、時間だけが過ぎ、授業準備もままならない。

もちろん、そうした困難な状況を乗り越えて成長していく先生もいる。それはそれでよい。私たちが注目しなければならないのは、本務でもない専門でもない部活動で追い詰められていく先生がいるということである。

そして、精神的な側面以外の負荷として、素人顧問にかかる経済的な負担にも言及しておかなければならない。

元小学校教員の小阪成洋氏のケースを紹介しよう。

小阪氏は、後に詳述する「部活問題対策プロジェクト」の一員である。2017年3月までは本間大輔という仮名で活動し、それ以降、実名で部活動改革や働き方改革に取り組んでいる。

氏は正規採用で小学校に着任した際に、いきなりバスケットボール部の顧問を言い渡された（当の地域では小学校に部活動が設営されている）。「バスケットボールが大好きな子どもたちが集まっていたので、その思いに応えるべく、素人顧問なりに努力した」という。

部活動指導では、小学校に限らず、試合の審判を務めることが求められることも多い。素人顧問へのプレッシャーは大きい。指導者としてだけでなく審判としても、自身の専門性を高めるべく、バスケットボール関連の書籍やDVDを計30点、総額で約20万円をかけたという【写真6-1】。そのうちの一つ、10枚組のDVDセットは5万円である。

写真6-1　バスケットボールを指導するための書籍とDVDの一部（小阪成洋氏提供）

もちろんそれらの出費はすべて自腹である。強制的に顧問を言い渡され、公費ではなく私費で「素人」を脱するべく、専門的知識を学んでいく。素人だからといって、適当にやり過ごすわけにはいかない。素人顧問には、さまざまな負荷や負担が生じるのである。

4　部活動好きだった先生の挫折

未経験であることがとりわけ深刻な状況をもたらすのは、異動があったときである。前任者がそのスポーツや文化活動を得意とし、指導経験も豊富であった場合、その後を未経験の教員が引き継ぐというのは、後任者にとってあまりに厳しい。

顧問は異動で替わることがあったとしても、生徒はそのほとんどが３年間、同じ学校、同じ部活動に所属する。４月になってまったくの素人の教員が、指導に就くというのは、生徒にとっても教員にとっても、けっして好ましい状況ではない。

ここで、とある中学校教諭のエピソードを紹介しよう。部活動を積極的に指導して実績も積んできたけれども、異動をきっかけに新しく未経験の競技種目の指導を任されたときの話である――

＊　＊　＊

中学校のサッカー部一筋で、20年間順調に指導を続けてきた先生が、突如、体調を崩した。異動先の中学校で、どうしてもサッカー部をもつことができず、バスケットボール部の顧問になったことがきっかけだった。

サッカーは好きな競技ではあったが、けっして高度な指導技術を有していたわけではない。だが、何年も続けるなかで指導のコツもわかってきた。チームはいつのまにか、県大会の常連になるまでに力をつけていた。

チームが強くなると、地域で名の知れたサッカー部顧問とも仲良くなっていく。常勝チームの顧問たちが集まる飲み会に参加する。次々と、練習試合のオファーが入ってくる。最高に気分がよく、土日もつぶして部活動にのめり込んでいった。

あるとき、別の中学校への異動が決まった。

これまで複数の中学校を異動してきたけれども、ずっとサッカー部一筋できた。ところが異動先では、バスケットボール部の顧問を担当してほしいと言われた。サッカー部はすでにベテランの教員が指導についていたため、顧問の枠が空いていなかったのだ。校長から「何とか頑張ってほしい」と頼まれ、やむなく引き受けることにした。

バスケットボールはまったくの未経験であり、これまで縁も関心もなかった。素人のバスケ部顧問だ。ルールも指導方法もわからない。ドリブルもスムーズにできない。入門書を何冊か買ったり、知り合いの教員に指導方法を教わったりしながら、なんとか「素人」を脱しようと努力した。

着任校のバスケットボール部は、県大会常連とまではいかないものの、市のなかではわりと強いチームだった。あと一歩で県大会に行ける。そんな気運が高まっているなかでの、素人顧問の着任だった。

夏に練習試合をしたときのことである。試合には、僅差で負けた。そのことは仕方ないと思ったのだが、子どもを迎えにきた保護者が自分に近づいてきて、普段の練習メニューについて忠告をしてきた。そのときは、「素人」として学ぶ姿勢で、保護者からの忠告に真剣に耳を傾けた。

ところがそれからというもの、その保護者は週末にたまに学校にやってきては、生徒に対して直接声を発するようになった。「そこはパスだろうが！」「そんなこともわからんのか！」自分の指導方法や存在そのものが否定されているように感じ、次第に保護者との関係がギクシャクするようになってきた。その保護者に同調する保護者も増えていき、「部活動をやめさせて、ジュニアチームに入れてもいい」とまで言い出してきた。

保護者のほうが、バスケットボールのことをよく知っている。素人である自分は、いつも見下されていた。そして秋にはついに体調を崩すようになってしまった。教員人生ではじめて、「部活がつらい」と感じた。

＊　＊　＊

以上が、とある中学校教諭のエピソードである。幸いにして、その先生は保護者全体と話し合いの機会を何度かもつなかで、自分の立場を理解してもらうことができ、いまは保護者と良好な関係で、部活動指導にあたっている。

この体験談で改めて思い知らされるのは、部活動で実績をあげてきた先生でさえ、ひとたび部活動が変わってしまえば、素人として一からのスタートになるということである。そして、そこで個人差はあれど、技術習得の負担とそれに付随する時間的負担や心的負担、経済的負担などさまざまな負担が一時的に急激に増大する。大好きだったはずの部活動でついには体調を崩し、挫折してしまうに至る。部活動がグレーゾーンに置かれているからこそ、専門性なきままに部活動指導がすべての先生に押しつけられ、その悪しき事態が改善されないままにある。

5　次善の策として顧問を引き受ける

ここで最後に付け加えておきたいのは、未経験で嫌々指導を始めたとしても、そこから逃れられない状況では、先生たちはしばしばそこに適応していくということである。

一例として、新卒採用で中学校教員になったばかりの先生のことを手短に紹介しよう。

その先生は、教員採用試験のときも、3月下旬に校長に初めて会ったときも、そして4月に入って着任したときも、「部活動の希望は?」と聞かれた際に、「吹奏楽部であれば引き受けられる」と回答した。ところが蓋を開けてみれば、職員会議で発表されたのはバレー部であった。まったく未経験のバレー部など、指導する気はぜんぜん起こらない。校長には抗議をしたものの結局は説得に負けてしまい、バレー部を主顧問として引き受けることになった。

私がその先生に会ったのは、教員になってまだ数ヶ月しか経っていない時期であった。自分の希望がまったく通じなかったことから、先生の口からは、不満と絶望の言葉が次々とこぼれていた。落胆した様子に、かける言葉もなかった。

ところが、2年ぶりに会ってみると、その先生は意外な言葉を発していた――「このままバレー部を続けたい」と。あれほど嫌がっていたバレー部の指導を、むしろみずから希望しているのだ。

じつはそこには、複雑な思いがある。相変わらず、部活動指導は辞退できるものなら辞退したい。だが、それを認めてくれない以上は、次善の策としてひとまず2年かけて慣れ親しんだバレー部であれば、なんとかやっていけるというのだ。ここでまた別の部活動の指導を命じられてしまっては、新たにさまざまな負担が生じることになるからだ。

なるほど2年間にわたって関わり続けると、少しずつ指導のコツをつかむ。生徒との人間関係もできあがる。そこから新しい部活動に乗り換えるほうが、リスクが大きくなってしまう。また、3年間同じ生徒を担当して無事に部活動と学校を卒業させたいという思いもある。だから、別の部活動に移るよりは、バレー部のほうがまだマシなのである。

　自分の思いが通用しないのであれば、それが理不尽であったとしてももう抵抗することはあきらめて、ギリギリのところで生きていこうとする。先生個々人においては、こうして次善の策として、部活動にみずからコミットしていくという選択がある。半数が素人でありながらも、次善の策としてなんとか関わっていこうとすることで、全体としての部活動が崩壊せずに維持されていく。

第７章

過剰な練習、事故、暴力

——苦しむ生徒の姿

1 守られなかった「週2休」の指針

・中学校は週に2日以上の休養日を
・高校は週に1日以上の休養日を
・長期休業中はまとまった休養日を
・平日は2〜3時間まで、土日は3〜4時間まで

これらはすべて、文部科学省がかつて運動部活動に関する報告書のなかで示した、運動部の適切な活動量(休養のあり方)である。中学校では週に「2日以上」、高校でも週に「1日以上」の休みが要請されている。

上記の指針が、文部科学省(旧文部省)の「運動部活動の在り方に関する調査研究報告書」において提示されたのは、1997年のことである。指針はそれ以降とくに撤回されることもなく長らく効力をもち続けてきた。2017年1月に文部科学省とスポーツ庁から出された通知「平成28年度全国体力・運動能力、運動習慣等調査の結果の取扱い及び活用について(通知)」においても、同指針は再び参照され、「学校の決まりとして休養日を設定すること等を通じて、運動部活動の適切な運営を図ること」が指示されている。

報告書では「これまでの運動部活動では、活動日数等が多ければ多いほど積極的に部活動が行われているとの考えも一部に見られた」ことが反省され、「スポーツ障害やバーンアウトの予防の観点、生徒のバランスのとれた生活と成長の確保の観点などを踏まえると、行き過ぎた活動は望ましくなく、適切な休養日等が確保される」べきと主張されている。

しかしながら、なぜ20年も前の指針が再び文部科学省から通知で参照されたのか。その答えはまさに、「いまだにそれが実現していないから」ということに尽きる。いや、それどころか状況はもっと悪くなっているとさえ言える。

上記指針の「２日以上の休養日」、「平日は３時間まで」を一つの基準として、生徒を対象にした全国調査を見てみると、一週あたり６日以上、一日あたり３時間以上の割合が２００４年と比較して２００９年でいっそう大きくなっている【図７-１】。とくに休養日

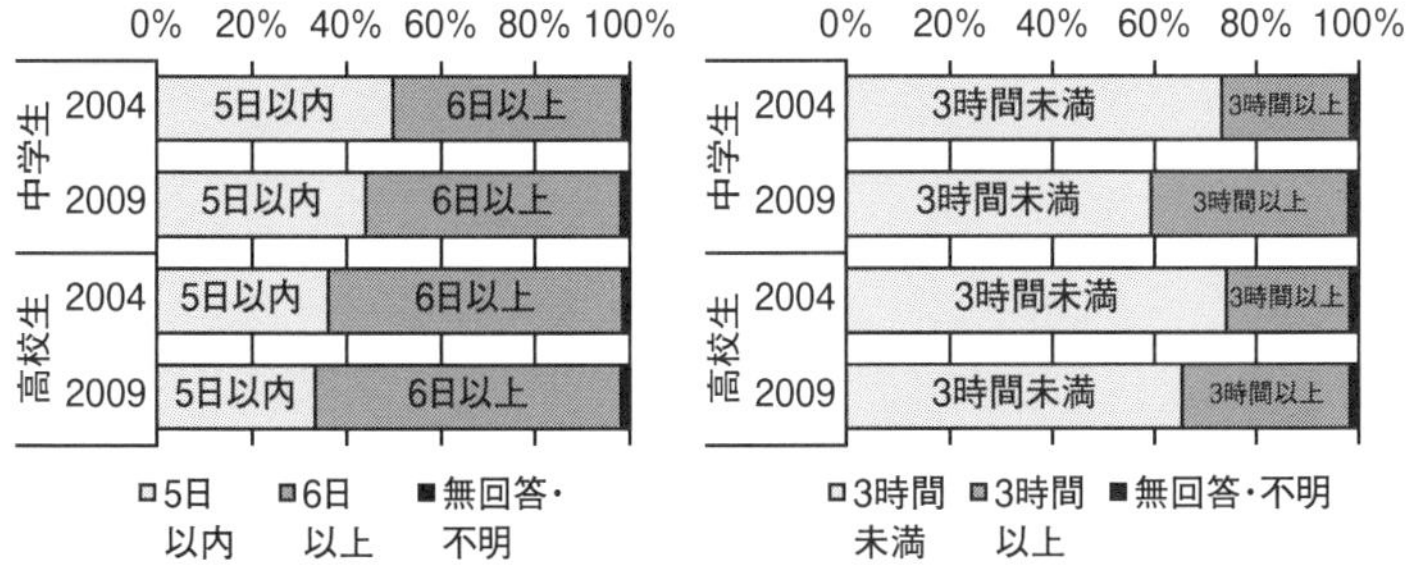

図７－１　中学生と高校生における一週間あたりの活動日数（左）と一日あたりの活動時間（右）（2004 年と 2009 年の比較）

※ベネッセ「第２回子ども生活実態調査」のデータをもとに筆者が作図。

については、1997年の指針はまったく守られていない。

文科省の規制方針に逆行するかたちで、日数も時間数も増加している。もはや「文科省の指針は有名無実化してきた」と言うべきであろう。

2 文科省が本気を出した

2016年12月、スポーツ庁は、全国体力テストに合わせて実施した中学校の運動部活動の調査結果を発表した。そこで初めて都道府県単位での、運動部活動の活動時間数や休養日の実態とその格差が、明らかになった。

文部科学省は毎年、国公私立のすべての小中学校を対象に、体力テストを実施してきた。2016年度調査はその実施主体が文部科学省の外局であるスポーツ庁に移り、さらにその体力テストに合わせて、中学校の運動部活動についても簡易な実態調査がおこなわれた。部活動に関する大規模調査の実施自体がまれであっただけに、注目すべき結果がいくつか示された。

スポーツ庁からの結果発表を受けて、マスコミは、週の休養日を設定していない中学校が2割以上あることを重点的に報じた。だが、その着眼点とは別にここでは、休養日の有無を含む複数の質問項目について、都道府県の実態が初めて明らかになったことを強調したい

（なお、後述するとおり休養日が「２割以上」の解釈には注意が必要である）。

まず率直に言うと私は、都道府県の実態が明らかにされたことに、かなり驚いた。私はこれまで、「文科省は調査をすると言っているけれども、調べるだけで終わってしまうだろう。都道府県別のデータを示さない限り、自治体は動かない」と、半ばあきらめながら発言してきた。

というのも、体力テスト、学力テスト、いじめ、不登校など、各種調査において文科省は、都道府県別のデータを公開している。都道府県の数値を比較することで、各自治体に問題や課題の自覚を促す狙いがある。だが、部活動についてはそもそも調査自体がほとんど実施されておらず、そのうえ、各都道府県の実態はまったく明らかにされてこなかった。

全国の平均像を一つの数値で示しただけでは、自治体は他人事としてその数値を見る。それを都道府県別に示すということは、各自治体に事態の改善を迫ることになる。休養日の指針が示されてから20年間、部活動がむしろ過熱しつづけてきたことの背景には、こうした漠たる調査結果しか公表されてこなかったことも影響している。

その点でいうと、今回の調査で都道府県別のデータが公表されたのは、文科省がいよいよ本気で部活動の改革に乗り出したものと見ることができる。

だが他方で、今回の調査に関して、地方紙や全国紙の地方面が、自分の自治体の実態を取り上げているようには見えない。ついに国が都道府県別のデータを公表して、部活動改革への本気度を示したとしても、マスコミや世論がそれに付いてこないと、改革も道半ばにして終わってしまう。

3 生徒の部活動時間：最大は千葉県の1121分／週

さてここで基本的な情報として、中学校の男女別に見た、運動部の平日と土日の活動時間数（分）の都道府県別データに着目したい。

生徒への質問紙調査の結果によると、たとえば、男子の運動部活動における活動時間数は、平日（月曜～金曜の5日分合計）では、最長が秋田県の736分、最短が岐阜県の323分で、その差は2・3倍に達する。男子の土日（土曜と日曜の2日分合計）では、最長が宮崎県の482分、最短が鳥取県の261分で、1・8倍の差である。

女子の場合、平日では、最長が秋田県の711分、最短が岐阜県の324分、土日では、最長が千葉県の463分、最短が鳥取県の254分である。

以上をひとまとめにして、一週間（平日＋土日）における活動時間数（分）の男女平均を算出し、都道府県を降順に並べた【図7-2】。さらにその上位5県（活動時間が相対的に長い）と下位5県（活動時間が相対的に短い）を表に示した【表7-1】。男女平均では、千葉県の１１２１分が最長である。

なお「部活動」の活動時間数や日数を減らしたように見せかける方法として、名目的には「部活動」ではなく、「保護者主催の練習会」、「地域のスポーツクラブ」、「自主的な集まり」といったかたちで、同一メンバーにて練習を続けるという抜け道がある。これは実質的には「部活動」とみなすべきものである。今回の調査における部活動の時間数に、そういった活動の時間がどれほど含まれているかは不明である。今後の調査では、こうした抜け道をチェックすることも必要になってくる。

そしてもう一つ付け加えておきたいのは、休養日の設定についてである。

マスコミの報道では、休養日を設定していない中学校が２割以上あることに注目が集まった。

もちろん休養日を設定するに越したことはない。だが、休養日が週２日以上設定されている中学校の

表７−１　一週間における活動時間数（分）の上位と下位５県

	男子		女子		全体（男女の平均）	
上位5県	千葉県	1098.92	千葉県	1143.18	千葉県	1121.05
	奈良県	1096.88	愛媛県	1138.61	愛媛県	1116.98
	福岡県	1096.22	福岡県	1108.84	福岡県	1102.53
	愛媛県	1095.35	奈良県	1099.25	奈良県	1098.07
	秋田県	1085.48	神奈川県	1097.03	神奈川県	1064.51
下位5県	富山県	811.71	富山県	833.52	富山県	822.62
	東京都	788.78	岩手県	830.86	東京都	813.68
	広島県	775.63	広島県	774.34	広島県	774.99
	鳥取県	772.14	鳥取県	745.81	鳥取県	758.98
	岐阜県	657.17	岐阜県	643.65	岐阜県	650.41

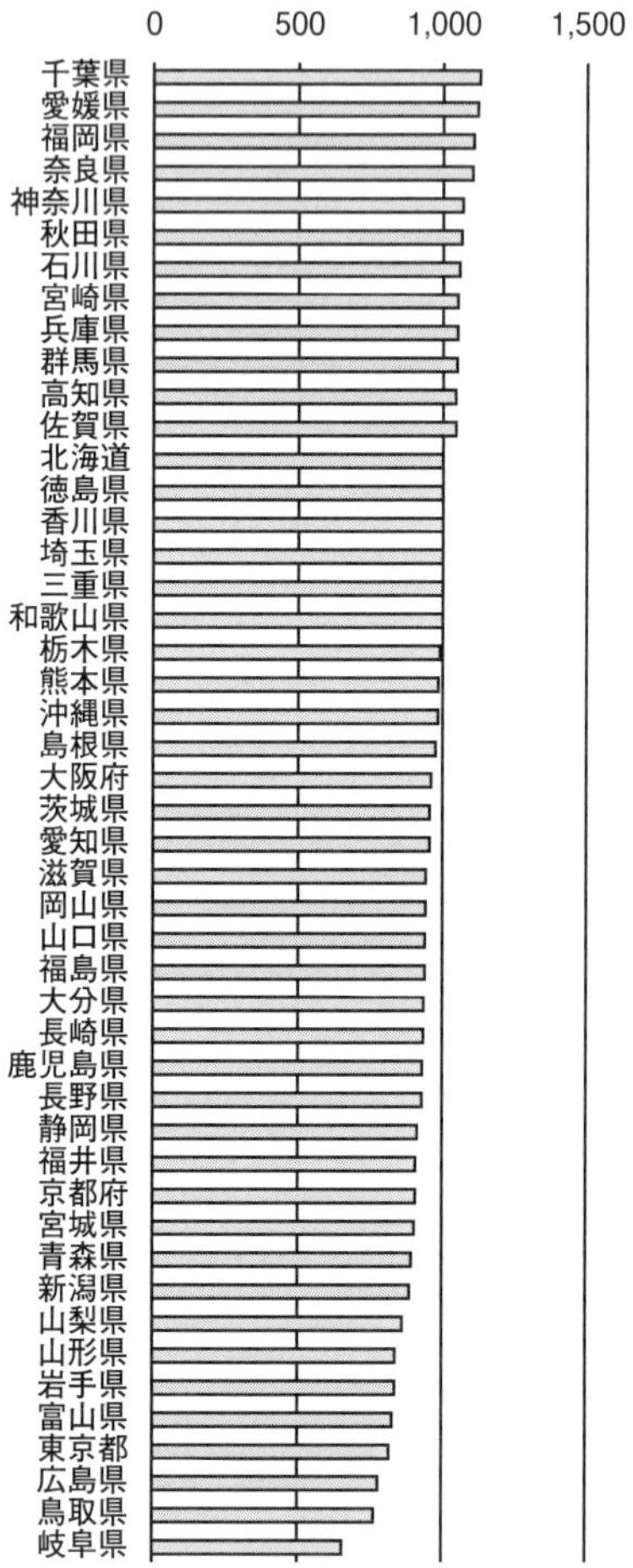

図7－2　一週間における運動部の活動時間（分）
（2016 年度、都道府県別）

※スポーツ庁「平成 28 年度全国体力・運動能力等調査」の結果をもとに筆者が作成。

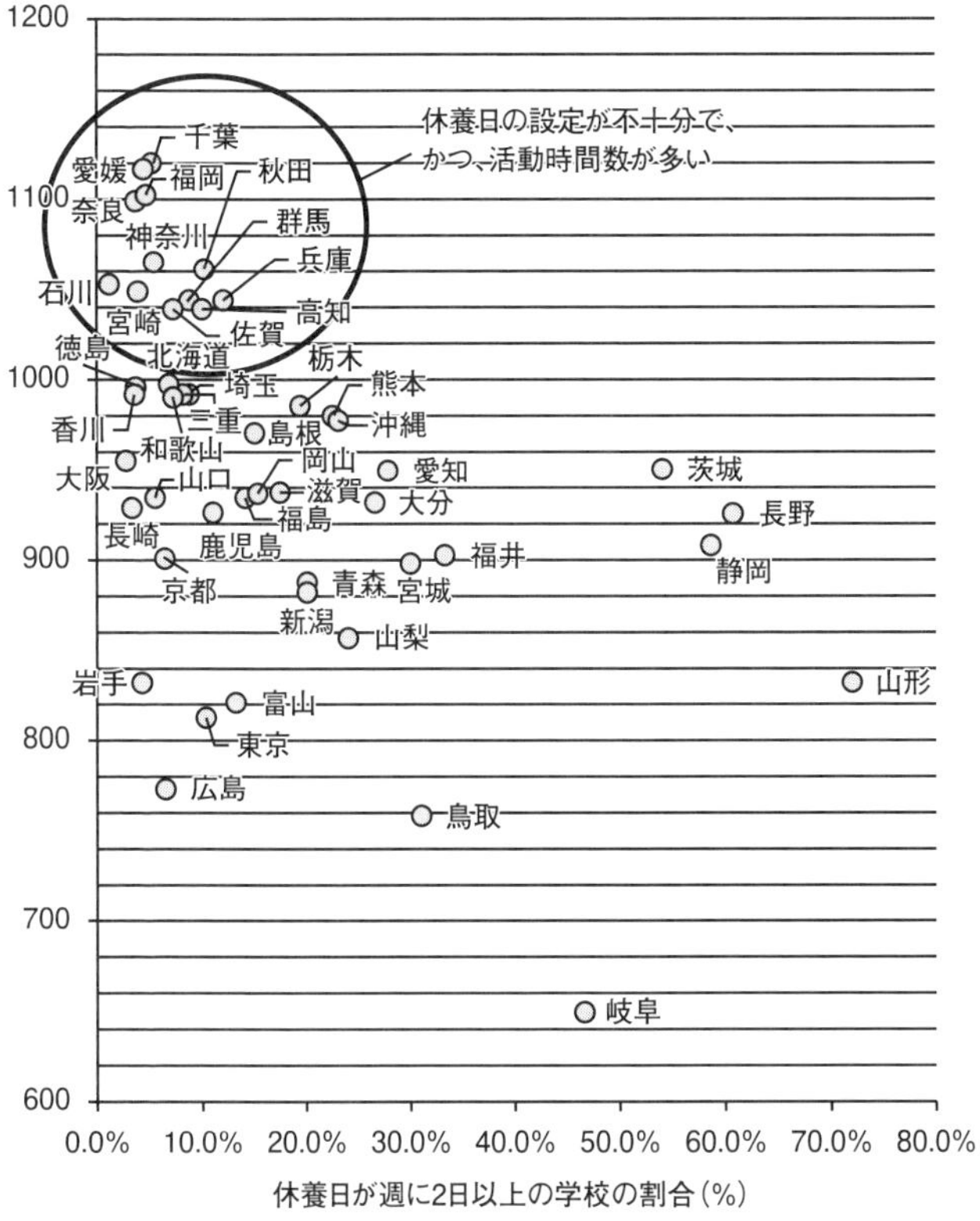

図７－３　休養日が週２日以上設定されている中学校の割合と一週間の活動時間数との関係

※スポーツ庁「平成28年度全国体力・運動能力等調査」の結果をもとに筆者が作成。

割合と一週間の活動時間数との関係を調べてみると、休養日を設定していなくても活動時間数が少ない自治体も散見される【図7-3】。図でいうと左下に位置する広島県、東京都、富山県、岩手県などがそれに該当する。あえて規制をかけなくても、抑制が効いている地域である。

その一方問題なのは、休養日を設定していない上に活動時間数が多い地域である。図の左上に位置する、千葉県、愛媛県、福岡県、奈良県などがそれに該当する。これらの地域は、休養日を設けること、すなわち活動に規制をかけることが早急に求められる。

4 外部指導者は救世主か

都道府県別のデータ公開をはじめ、文部科学省が部活動改革に乗り出していることはたしかである。「部活動指導員」の制度化も、その一つである。

「部活動指導員」とは、部活動の外部指導者を学校職員として正式に位置づけて、単独での指導や大会引率を可能にするものである。中央教育審議会が2015年12月の答申「チームとしての学校の在り方と今後の改善方策について」において提言し、これを受けて文科省が学校教育法の施行規則を改める省令を公布し、2017年4月から施行されている。

広い意味での外部指導者は、1990年代後半頃から「開かれた学校づくり」のなかでその必要性が訴えられるようになり、今日に至るまで着実に拡がりをみせてきた（神谷拓『運動部活動の教育学入門』）。それがついに「部活動指導員」というかたちで法制度化されたのである。

このように外部指導者の果たす役割への期待が、いっそう高まってきている。この外部指導者には今日、具体的に二つの役割が期待されている。一つが顧問の負担軽減で、もう一つが生徒への専門的指導である。

第一の顧問の負担軽減については、ここまでたびたび指摘してきたように、喫緊の課題である。そもそも教員の本来業務ではない、教育課程外の部活動に大幅な時間を割かざるをえない状況、さらには土日や長期休暇をも返上せざるをえない状況は、労務上の重大な問題である。

外部指導者が人材として学校に入ってくるということは、単純に考えれば教育の担い手が増えるわけだから、教員の負担軽減につながることが期待される。実際に、外部指導者によって心身の負担が軽減したとの声や、外部指導者のいっそうの導入を望む声も多く聞かれる。私もこの方向性には、基本的に賛成している。

ただし、日本体育協会が２０１３年度に全国の中学校と高校の運動部顧問を対象におこなった抽出調査（「学校運動部活動指導者の実態に関する調査報告書」）では、中学校の教員で27・6％、高校の教員で30・5％と、いずれも3割程度の教員が「外部指導者との連携した指導体制をつくることが難しい」と答えている。

自由記述欄には、「外部指導者が実権を握っているため口出しできない」「外部指導者については学校の教育活動を十分に理解されずに、保護者や職員とのトラブルなどに発展」といった意見がある。すべての外部指導者がトラブルの元になっているわけではないものの、連携にはときに難しさがあることを指摘しておきたい。

5　外部指導者は生徒の負荷を増大させる？

第二の生徒への専門的指導については、第6章で言及したように、運動部顧問の約半数は素人である。生徒にとってみれば、さすがに素人の顧問に教わるよりは、専門的な技術指導ができる大人に教わったほうがよいだろう。

ここで気がかりなのは、外部指導者の質保証である。顧問の教員にとってみれば、指導者が一人増えてさらに専門的な指示まで担ってくれるのであれば、救世主のような存在である。仮にそうだとして、はたして生徒にはどのような影響が出るのだろうか。

興味深い調査結果がある。神奈川県教育委員会が2013年に実施した調査（「中学校・高等学校生徒のスポーツ活動に関する調査報告書」）で、同一の質問が県下の中高の教員と外部指導者の両者に投げかけられている点が特長である。

そこで、一週間における部活動の指導日数として何日が適当であるかを尋ねた質問の回答をみてみると、「6日以上」と答える者の割合は、教員よりも外部指導者のほうが高い。また、平日一日あたりの適当な活動時間数についても「2時間以上」の活動が適当であると考える者の割合は、教員よりも外部指導者のほうが高い【図7-4】。

外部指導者は教員と比べたときに、より長い時間、より多くの日数を部活動に費やすべきと考えている。部活動は十分に過酷であると思われがちだが、外部指導者の目からすれば、まだまだ足りないということである。この場合、外部指導者の導入は、仮に教員の負担軽減にはつながったとしても、その分だけ生徒の負担増を招きかねない。

外部指導者には、たしかにその競技の「経験」はあるだろう。しかし、スポーツ科学の知識や教育としての部活動への理解を兼ね備えているとは限らない。

そもそも夕方の5時前から学校にやってきて毎日のように指導してくれるという条件だけでも、地域の適当な人材を見つけるこ

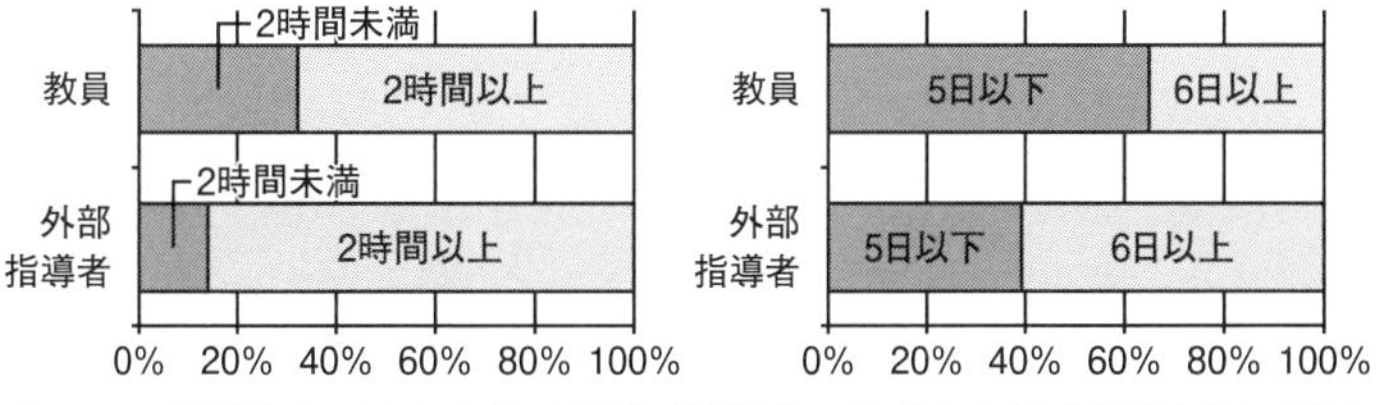

図7－4　理想的な一日あたりの活動時間数と一週間あたりの活動日数（神奈川県調査）

とは難しい。そして現実には、単に野球好きの「おっちゃん」が指導しているにすぎないことも多い。

スポーツ科学や教育の基盤を欠くとき、「専門的指導」の名のもと、かつての経験にもとづいた根性論でもって、長時間にわたって多くの日数と時間数を練習に充てるということになりかねない。その意味で外部指導者の導入においては、スポーツ科学と教育に理解のある人材を、研修をとおして養成するという大きな課題が残されている。

6 部活動を「やめさせない」圧力

生徒にとって部活動が重荷に感じられても、部活動をなかなかやめられないという難題がある。

生徒どうしの関係でいうと、部活動では土日をも一緒に過ごす濃密な日々が続くため、部活動をやめることには人間関係上のリスクが生じる。

人びとの結束を示す言葉に「絆」がある。学校教育でも頻繁に用いられる言葉だ。この「絆」には、二つの意味がある。一つが「断つにしのびない恩愛」という積極的な意味であり、一般にはこの用法がよく知られている。そしてもう一つが、「自由を束縛するもの」という否定的な意味である。人と人とのつながりを強化することは、お互いの愛情や信頼を深めることもできるが、そこから逃げられない拘束を生み出すことにもなる。

生徒どうしのつながりの強さを目指す部活動ほど、その束縛も強まる可能性がある。やめようとすると、学校生活において仲間を失ってしまうのではないか、さらには「いじめ」の被害に遭ってしまうのではないかと、さまざまな不安が生徒の脳裏をよぎる。活動の量も質も濃密な部活動は、それを重荷と感じた生徒を息苦しくさせたまま、そこにつなぎ止める。

部活動をやめさせない圧力は、生徒どうしの関係だけに生じるものではない。

顧問自身が、「やめたい」という生徒をなんとしてでも引き留めようとすることも、よく聞く話である。

とある中学校で、サッカー部の顧問が激怒した。以前から部活動中の態度にあまり真剣さが見られなかった生徒が、その日もしゃべりながらランニングをしていたのだ。顧問は生徒を呼び出し、皆の前で怒鳴って叱りつけた――「お前のことはもう知らん！」。

じつはその生徒は、以前から「もう部活をやめたい」と仲間の部員たちに相談していた。だから顧問が「もう知らん！」と言葉を投げつけたとき、生徒はその場で即座に自分の気持ちを顧問に伝えた――「だったら、もう部活やめます」。

これが顧問の感情を逆なでした。「いままで、みんなで一緒にやってきたのに、それを台無しにする」「それでは、世の中に出ても生きていけない」と厳しい言葉を次々と投げつけ、そして「頭冷やして、よく考えろ！」と激怒したまま、顧問は職員室に戻っていってしまった。

その生徒は、すぐには職員室に行かずに、一晩悩んだ。仲のよい部員たちにも、夜中に相談した。そして、その日のうちに退部を決断するに至った。

激怒の後に職員室に戻ってしまうというのは、教員文化においては定番の叱り方で、いずれ生徒が職員室に謝りにやって来ることが想定されている。そこで、顧問と生徒の人間関係がさらに深まるという、コテコテのドラマである。

だがその生徒は、謝りに来ることもなく退部を決意した。困ったのは、顧問である。激怒してその生徒を突き放したところ、もうその生徒は職員室にはやって来ないのだ。結局、翌日に職員室で待ちきることができず、みずからその生徒を説得すべく、怒りながら職員室を出て行ったという。

この先の結末を私は知らないのだが、ここで重要なのは、「もう知らん」と言いながらも、本当のところ「やめてもらっては困る」という顧問の側の事情である。顧問が部活動に執着するとき、そこから離脱しようとする生徒は、顧問に抵抗する反乱分子のように見える。これを指導し説得することがまた、部活動指導の一環と考えられ、さらにはそこに教員としての指導力の高さがあらわれるとみなされる。

もちろん、何でも生徒の思い通りにすることには、慎重でありたい。だが、部活動はそもそも生徒の自主的な参加により成り立つものである。「部活やめたい」という生徒に、顧問が激怒する理由はどこにもない。

7 「内申」という束縛の欺瞞

部活動を「やめさせない」圧力には、人間関係とはまったく別のものがある。人生を左右する入試における、いわゆる「内申」の影響力である。

第8章で詳述する「部活問題対策プロジェクト」のネット署名「教師編」に寄せられたコメントを紹介したい。

子どもは、いつも学校に半日以上拘束され、へとへとになって帰宅します。そんな子どもの姿を見るのがつらいです。とにかく部活の時間が長いのです。正直、そのスポーツを一生涯やるわけではありません。なぜそれほど部活に時間をとられるのでしょうか。せいぜい週に2日ほどで十分ではないでしょうか。子どもは、本当は帰宅部を希望していますが、内申のことがあるので、帰宅部にはなりません。内申の制度さえなければと思います。

（文意を損ねないかたちで、文章を適宜編集した）

この生徒は、「内申」を気にして部活動がやめられないという。ネット署名のコメントに限らず、このような「内申」のせいで部活動を続けているという声はあちこちで聞かれる。

とりわけ、部活動顧問がクラス担任や教科担任であると、部活動をやめること＝担任に背くことと理解され、それが内申、延いては人生に影響を与えるのではと、不安が高まる。

「内申」というのは、入試業務でいうところの「調査書」のことを指していると考えられる。この調査書がしばしば「内申（書）」と呼ばれたりしている。

一般には、入試の調査書は、大きく「評定」とそれ以外の項目とにわかれる。評定とは、各教科の成績のことである。そして評定以外に、「出欠の記録」や「健康の記録」、「行動の記録」「特別活動（生徒会や学校行事）の記録」、「特記事項」、「総合所見」などさまざまな記載事項がある。部活動については、特記事項や総合所見、その他の欄等のどこかに書かれることになる。

ここでまず強調しておきたいのは、基本的に調査書に生徒の悪口は書かれない。つまり、「部活動をやめたから、忍耐力がない」というようなことは記載されない。その代わりに、「公民館が主催するイベントの企画を手伝った」や「英検○級の取得など、英語の勉学に励んだ」といった前向きなことが記載される。

そしてスポーツ推薦をはじめ部活動の記録が特別視される入試形態を除けば、つまりスポーツで高校や大学への進学を考える場合を除けば、部活動が入試に占める比重は小さい。

なぜなら入試は一般に、当日の筆記試験と調査書をもとに合否が判定される（大学受験の場合には、調査書はほとんど意味をもたないことも多い）。部活動というのは、その調査書のなかの片隅に記載される可能性があるだけだ。しかも調査書においては、各教科の成績を示す「評定」が重要な意味をもっている。

もし単に入試に合格したいだけであれば、部活動に費やす多大な時間を、各教科の勉強に費やしたほうが、はるかに効率がよいことになる。そのほうが当日の筆記試験と、調査書のなかで重要な位置にある評定で高い評価を得られるからである。

私は、部活動をやる必要がないと言っているのではない（それは第9章の未来展望図を読んでもらえればわかる）。そうではなく、部活動が「内申」という不透明なかたちで、生徒を不当に拘束していると主張しているのだ。

一般論として、たしかに入試において部活動の影響はゼロではない。ただしそれは、スポーツ推薦等の特殊な場合を除いて、調査書に記載される可能性がある以上は「ゼロとは言い切れない」という程度の意味である。調査書の記載事項を気にして部活動がやめられないというのは、調査書の影響力をかなり過大評価している。

そうは言っても、これは一般論であり、いま入試に直面している生徒やその保護者は、ぜひ次の2つのことを担任や学校にしっかりと確認してほしい。すなわち第一に、部活動は当該地域（とくに高校入試の場合）の入試において、どれくらい評価されうるのか。第二に、どの程度（県大会何位以上なのか、全国大会出場なのか）のことを成し遂げれば、それが評価されるに値するのか。

入試における部活動の問題点は、その評価基準が生徒や保護者の間で「見える化」していないことである。部活動への参加とその成績が、入試ひいては人生にかかわるかもしれないという漠たる思いをもっている限り、私たちは部活動を過大評価し、それに拘束されつづける。いったいどうすればそれが評価されることになるのか、それが具体的にわかっていれば、入試を背景にした部活動の拘束力は一気に小さくなるはずである。

そして学校側は、部活動の評価に関する具体的な情報を、しっかりと保護者に説明する必要がある。もちろん、部活動が「自主的な活動」であることとともに、である。

8　部活動における事故

部活動においては、活動中の事故のことも考えなければならない。第6章で述べた、部活動顧問が素人であることは、生徒の安全確保に影を落としているからである。

ここで再び、「部活問題対策プロジェクト」のネット署名「教師編」に寄せられたコメントを参照しよう。

未経験であるにもかかわらず、運動部の顧問を引き受けたことがあります。顧問が一人だったこともあって、ケガ防止の方法もわからず、心配が絶えませんでした。

部活動そのものは大事な実践だと思います。でも、そうであればこそ、専門の知識を持った指導者が、責任をもって指導するべきだと思います。教科指導こそが、専門職としての活躍の場であり、手を抜きたくないと思うのですが、もはや体力的に無理な段階にきています。


（文意を損ねないかたちで、文章を適宜編集した）


教科指導が専門であるはずの教員が、指導の方法も事故防止の方法もわからない運動部の顧問に就いている。「心配が絶えませんでした」と、この先生は振り返っている。

第６章で取り上げた栃木県立高校山岳部の雪崩事故においても、見方を変えれば、雪山というリスクの高い場所において、生徒の安全確保を素人の先生が担っていたとも言える。調査報告書が発表されるまでは、事故の詳細に踏み込むことは難しいものの、事故の回避可能性については、講習会に参加していたすべての山岳部顧問の専門性が、当然問われることになるだろう。

私がこのところとくに重点的に訴えてきたことの一つに、プールにおける飛び込みスタートの事故がある。

２０１６年７月に鳥取県内の公立小学校で発生した、６年生女子児童の頸髄損傷の事故も、きわめて危険な指導方法のもとで起きた。

事故は、地区の競泳大会に出場するための課外指導中に起きた。小学校の課外指導というのは、中学校や高校でいうところの部活動のようなものである。教員の指導のもとで女児は飛び込みスタートをおこない、プールの底に頭部を強打した。いまも手足にしびれが残っている。

学習指導要領では、体育の授業では「水中からのスタート」とされているが、課外指導に関する規定はない。女児は水泳が得意で、飛び込みスタートにも慣れていた。

だが、教員による指導のもと、水深90㎝のプールに、高さ36㎝のスタート台から、水面に接して平行に置かれたフラフープに向かって飛び込むことになり、女児はフラフープをくぐ

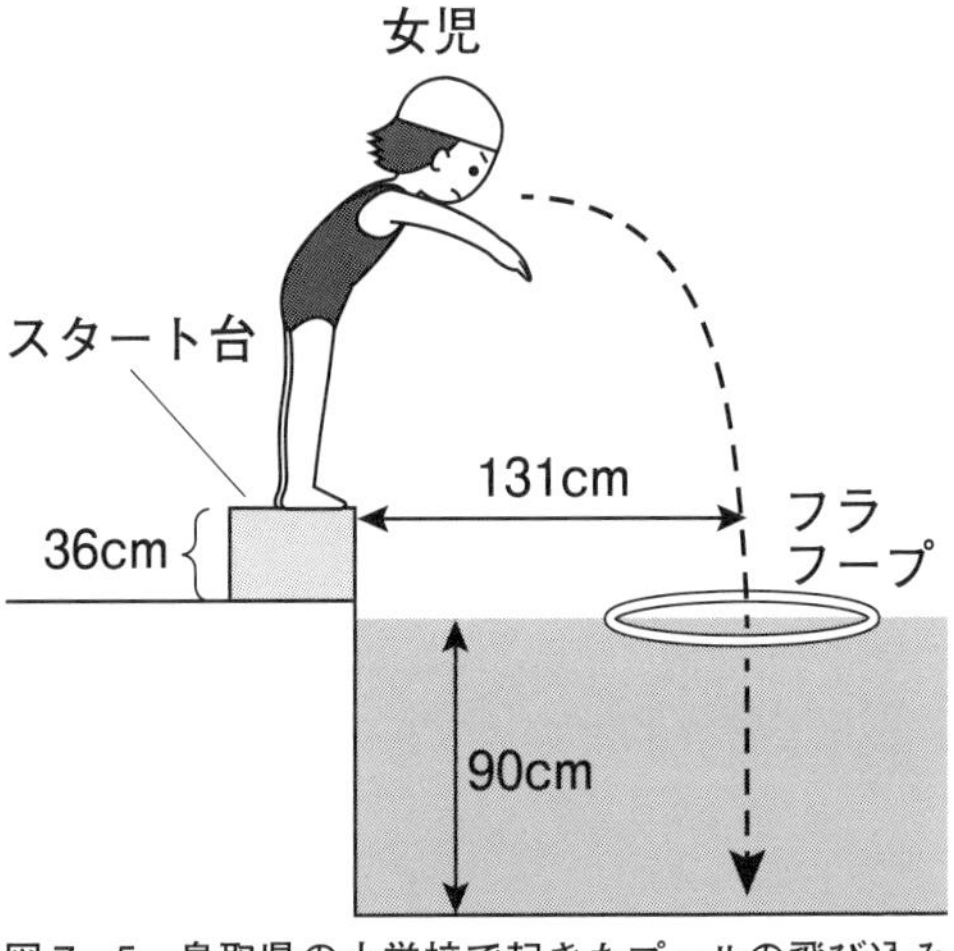

図７−５　鳥取県の小学校で起きたプールの飛び込みスタート事故の概略図

※スタート台からフラフープまでの距離131cmは、複数の子どもの証言から平均値を算出したものである。だがこれは仮に距離が200cmであったとしても、フラフープが水面に平行である限り、泳者は垂直にフラフープをくぐらざるをえない点で危険性は同じである。

り抜けたものの、真下に突っ込みプールの底に頭を激突させてしまった。フラフープを用いた指導自体が危険性の高いものであり、かつ日本水泳連盟のガイドラインよりも劣悪な条件（水深が90㎝、スタート台36㎝）で飛び込み、事故が起きた【図7-5】。

このとき当然、教員は事故の少なくとも道義的責任を負うことになる。よほど悪意がない限り、教員本人もまた自分の指導を悔やみ、苦しむことだろう。今日の素人教員による部活動指導は、教員にも生徒にも多大な不利益を与えている。

9　顧問からの暴力

部活動において起こりやすいのは、事故（ケガ）だけではない。部活動は身体的暴力の温床でもある。身体的暴力は、生徒どうしの間でも顧問と生徒の間でも生じる。

ここでは、顧問から生徒への暴力に言及したい。

教育関係のニュースを読んでいると、毎日のように「体罰」の話題を目にする。ある意味、当たり前のように「体罰」が横行し、告発することさえ躊躇《ためら》われた時代に比べれば、こんなふうに頻繁に発覚し議論されるようになった点では、世の中はむしろよい方向に進んでいるのかもしれない。

そうは言っても、部活動はいまも「体罰」の温床である。

文部科学省の「平成27年度公立学校教職員の人事行政状況調査」によると、「体罰」により懲戒処分等（訓告等を含む）の行政処分を受けた教員は721名である。

そして中学校と高校いずれにおいても、活動状況別に見たときにもっとも多いのは「部活動」である。「体罰」による懲戒処分等の事案のうち中学校で28・8％、高校で32・4％が部活動中のものである【図7–6】。なお、これでもまだ改善されたほうで、2012年度では、中学校で36・7％、高校で43・0％が部活動で占められていた。

なお厳密には、文部科学省はこれらの件数を「発生件数」と表記しているが、基本的には「認知件数」と理解しておくほうがよい。年度によって「体罰」問題が大きく注目されたときには、認知件数も増加する傾向にある。したがって、単純に発生件数として比較することはできない。ただし本書では、同一年度内の同一校種（中学校または高校）においては、各項目間の比較検討が可

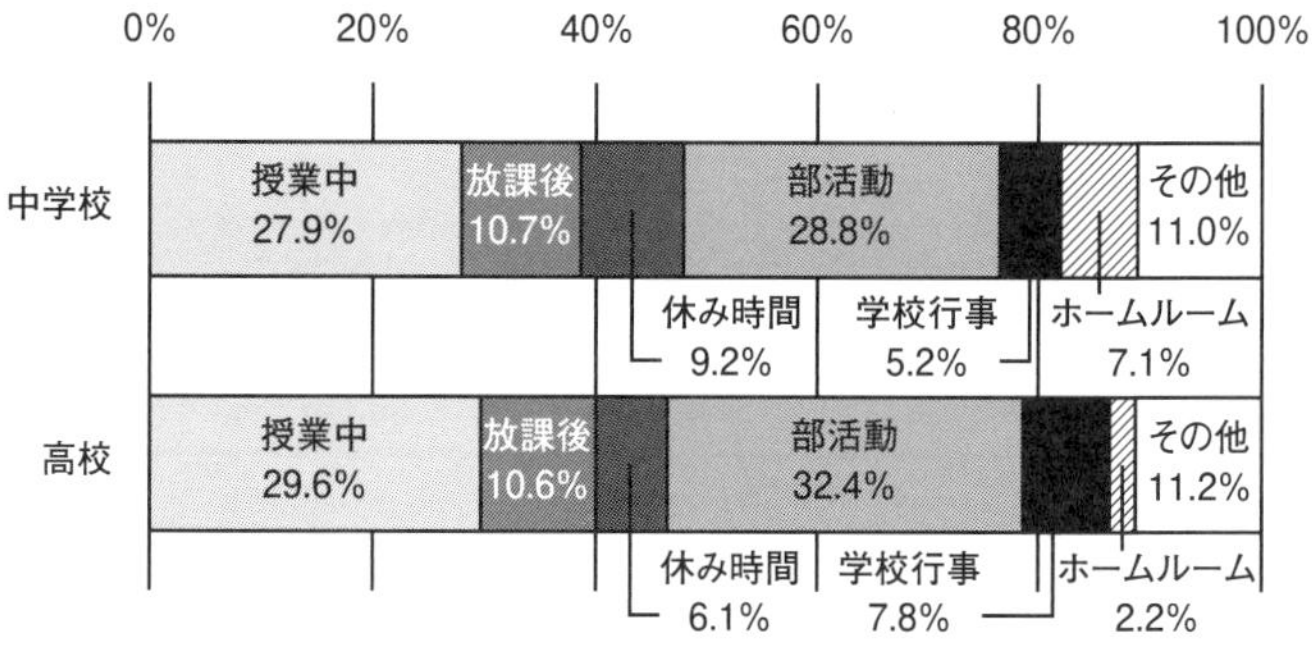

図7－6　2015年度に把握された「体罰」の時間帯別割合

能であるという前提のもと上記の数値を示している。

そして、「体罰」に関する報道において、なかなか触れられないことが一つある。それは、処分の重さである。

２０１５年度に「体罰」をはじめ、「わいせつ」「交通事故」などで懲戒処分や訓告等の処分を受けた公立学校の教員は、全国で６３２０人いる。これを細かく見てみると、車の「飲酒運転」では、60件の処分があり、うち約６割の35件がもっとも厳しい懲戒免職である。「わいせつ」行為においても処分は厳しく、２２４件中、約半数の１１８件が懲戒免職である。

他方で「体罰」では、７２１件の処分のうち懲戒免職はゼロ件である。被害のなかには、鼓膜損傷が８件、骨折・ねんざが21件ある。重大な傷害ではあるが、懲戒免職になることはない。なお、学校外で「傷害、暴行等及び刑法違反」を犯したケースは61件で、この場合には、８件が懲戒免職となっている。

ここから見えてくるのは、学校内で生徒に暴力を振るう教員は、教育界に守られているということである。顧問が生徒に「体罰」を振るったとしても、そしてさらにそれが過酷なものであったとしても、暴力は指導の一環あるいはその延長上の出来事と理解されるからである。

そしてこれは同時に、生徒は暴力から守られないことを意味する。どれほどその暴力が理不尽だと感じても、それは教育的配慮によるものだと理解させられるのだ。なるほど、「暴力は愛の鞭」「厳しくしてくれたお陰で、自分の誤りに気づくことができた」と、暴力を前向きに受け止める解釈の語彙が、この社会にはたくさん用意されているではないか。大人の側がこの語彙を使うのはもちろんのこと、暴力被害を受けた生徒の側もこの語彙に乗っかって、心身の被害を「教育」の文脈に置き換えて乗り切ろうとする。

過剰な練習、事故、暴力と、部活動において子どもはさまざまな苦しみや痛みに直面している。過剰な練習は、その量が減らされるべきである。部活動中の事故は、指導の主体を教員ではなく専門性の高い外部人材（単に経験が長いだけではダメである）に代えることによってある程度は回避することができる。そして暴力的指導を好む教員に、そもそも部活動を指導する資格はない。

部活動は、生徒にとって安心できる場、安全が保障される場でなければならない。

COLUMN

スポットの当たりにくい小学校の部活動

元小中学校教諭　部活問題対策プロジェクト代表　小阪成洋

「部活動は中学・高校のもの」という認識が一般的であろう。実際に、小学校で部活動が実施されている事例は少数なのかもしれない。これは推測の域を出ない。なぜなら、全国的な調査結果は管見の限り公表されておらず、小学校部活動の全体像が明らかになっていないからだ。それ故に、注目もされにくい。そもそも、小学校の学習指導要領には「部活動」という文言が登場しない。小学校における部活動は、中学・高校以上に位置づけが曖昧であると言えよう。

しかし、実際には小学校にも部活動は存在している。私が知る限られた少数の事例でも、その様態は様々である。最も部活動が盛んな事例では、4年生以上の全員がなんらかの部活動に強制加入させられ、卒業まで継続的な参加を迫られる。教員も全員が顧問に従事する。花形の種目は、野球・サッカー・バスケ等。その一方で、あまり部活動に関心のない児童の受け皿として生物部が用意されており、強制加入を迫られた児童は否応なく所属させられる。別の事例では、4年生以上を任意参加とする学校がある。この学校では、若手教員のみが顧問に従事する。また別の事例では、二期制で部活動を設ける学校がある。例えば、一期の5～7月には水泳部、二期の9～12月には陸上部を設け、希望者のみが参加する、といった形式だ。

小学校でも、部活動は中学・高校と同様に過熱しており、「技術の追究」「地区大会での勝利」を目指した部活動という様相を呈している。部活動が教員を疲弊させ、本来の目的である教育活動の質を低下させるという問題点は、中学・高校と同様である。

加えて、小学校の児童は身体が未発達であり、疲労等から健康を損ないやすい。教員も中学・高校とは異なり担任が全教科を担当するので、一回の準備をもとに複数のクラスで授業するというわけにはいかない。1～6時間目のうち、教室で授業をせず、職員室で事務処理ができる時間も中学・高校より少ない。小学校の顧問教員は1～6時間目まで通して授業や生活指導をし、続けて7・8時間目のごとく部活指導に向き合う。これでは息つく暇もない。

また、小学生という幼い学齢段階では、より細やかな配慮が求められる。中学・高校では、日によって顧問なしで活動してしまう例すらあるようだが、小学校では「児童だけでの部活動」は到底考えられない。必ず顧問がついて、安全やトラブル防止に常に気を配る必要がある。

「部活問題」が注目されるようになったが、その中に小学校は必ずしも入っていない。中高以上に問題をはらんでいるともいえる、小学校の部活動にもスポットを当てなければならない。

第8章

先生たちが立ち上がった！

1　職員室の当たり前を打ち壊す

部活動を主題としたある講演会に私が招かれたとき、企画を主催してくださった先生が、冒頭にこう挨拶をした――「ここ数年、部活動の問題がさまざまな角度から取り上げられるようになってきました。ただ私たちの職場は、みんな部活動を指導しているし、みんな当たり前のように夜遅くまで残業をしています。もはや世の中が『それはおかしい』と騒いでいても、『そんなもんだよね』としか思えなくなっている。だから外の目線から、私たちの職場、私たちの日常を客観視してもらわなければならないのです」と。

なるほど、「当たり前」の世界というのは、住人がその風景にすっかり慣れきってしまった世界である。学校の文化では、教員は部活動を指導してこそ一人前であり、さらには土日を費やしてまで指導する顧問は、生徒思いのすばらしい先生だと評価される。だが、教育ではなく労働として考えたとき、はたして休みなしの部活動指導はそう絶賛されるべきことなのだろうか。

本書冒頭で例示した、部活動で廊下を走ることも、同様だ。廊下を走れば、歩行者の通行の妨げとなるし、誰かに衝突することもある。雨の日だと、滑りやすくもなる。だから私たちは学校で「廊下を走るな」としつけられてきたわけだ。だが、部活動の時間帯に廊下がトレーニング場になるのは、部活動あるあるだ。「当たり前」のように廊下を走り、その異質さに気づく感覚を失っている。

２０１６年を「部活動改革元年」と位置づけ、部活動改革を主導する長沼豊氏（学習院大学）は、かつて中学校教員として勤めていたときのことをこう振り返る。

（自分が中学生や高校生だったときには）部活動で自分自身がいい思いをしましたし、部活動大好きだったので、（中学校の）教員になってから一生懸命やりました。しかも、私はそのあとに大学の教員として教員養成をしていましたので、「君たち、中学の教員になったらね、20代の教員は、部活動は絶対だよ。」と、10年以上ずっと言い続けていたんです。

去年、我にかえりましたよ。内田先生や、部活問題対策プロジェクトの方々から教わったのかな。「あ、当たり前が当たり前じゃない」と思った時にね、何をやっていたんだろうと思って。初めて言いますが、ちょっと懺悔の気持ちもありました。

（「【内田良×長沼豊対談】まだ部活動で消耗してるの？」
http://choshokuinkaigi.info/column001/　括弧内は筆者による補足）

長沼氏は、「中学校の教員に部活動は絶対」という信念を、「教員の指導の再生産」という興味深い観点から説明する。

教員っていう仕事が独特なのは、自分が子どものときに受けて良かったことを大人になってからそのままやろうとする。だから部活動で良い思いをした人は部活動を頑張るんですよ。スポ根が良かった人はスポ根指導を良いと思っています。これを「教員の指導の再生産」と呼んでいます。

自分が経験した学校文化をよきものとして、そのままくり返そうとする。部活動で楽しい思いをしたからと、それが抱える負の課題には目を向けずに、負の部分も含めて丸ごと「再生産」してしまうというのだ。

しかしいま、その再生産を断ち切るべく、まったく新しい風が職員室のなかに吹き込んできている。

2 「部活問題対策プロジェクト」の誕生

無理や矛盾を抱えつつも、あって当たり前のものとして、部活動はこれまで存続してきた。

その抜本的な改革を目指し、20代〜30代の若手・中堅の先生たちがインターネット上で画期的な運動を展開し始めた。

「部活問題対策プロジェクト」と銘打たれたその活動を運営するのは、全国に散らばる6名の教員らである。カリスマ的存在の真由子氏のほか、神原楓氏、小阪成洋氏、中村由美子氏、藤野悠介氏、ゆうけん氏である。メンバーはTwitterにくわえて、個人のブログやウェブサイトも積極的に活用し、情報発信に努めている。

２０１５年12月にプロジェクトが立ち上げられ、それと同時に公式ウェブサイトが開設された【図8−1】。後に詳しく述べるとおり、これまでに「教師編」と「生徒編」の2つのネット署名を展開し、文部科学省に直接手渡しで署名簿を届けている。

部活問題対策プロジェクト

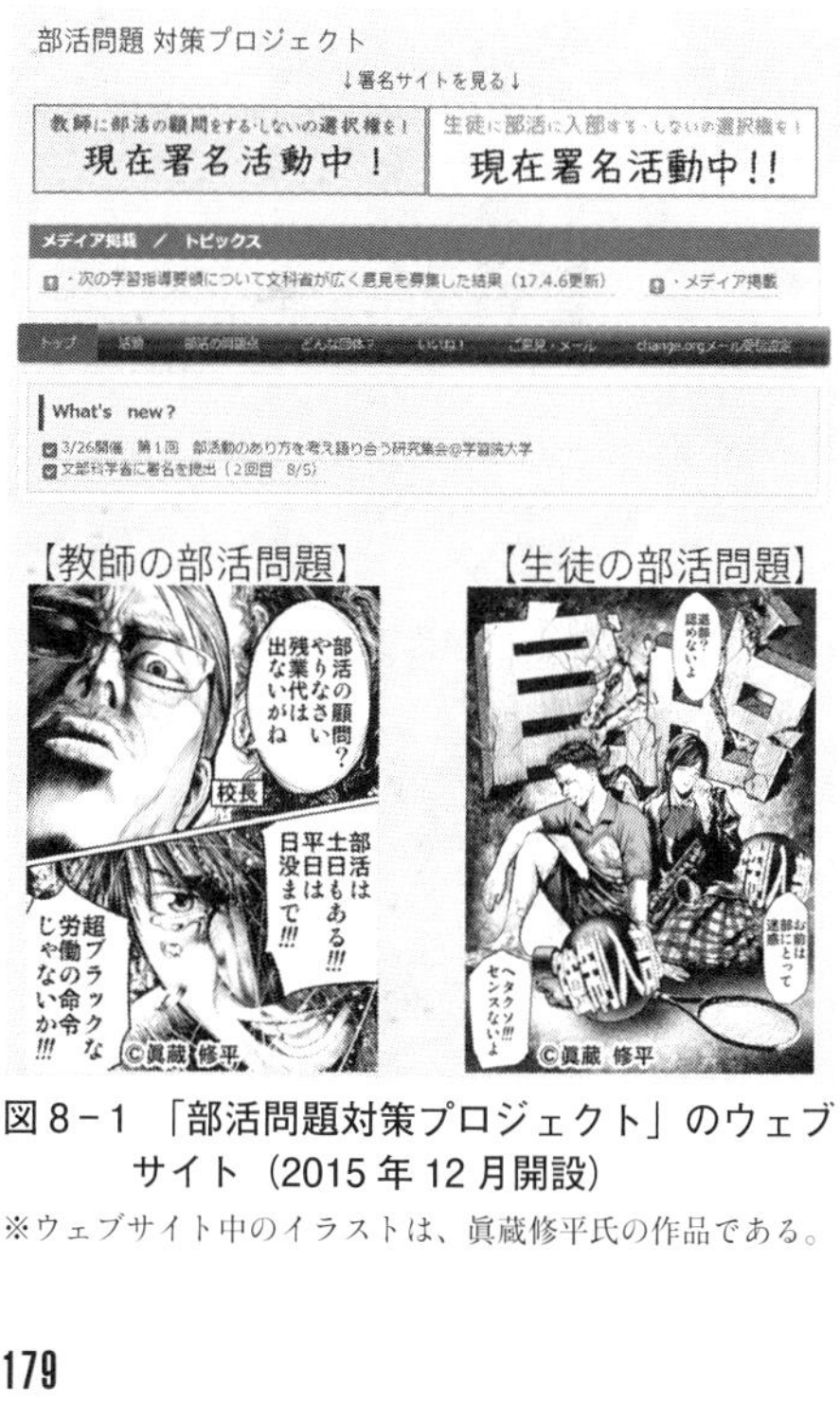

図８−１　「部活問題対策プロジェクト」のウェブサイト（2015年12月開設）
※ウェブサイト中のイラストは、眞蔵修平氏の作品である。

の活動は、すぐにマスコミにも知れ渡り、翌年の2月12日には、FBS福岡放送で活動が報じられたのを皮切りに、13日には、『朝日新聞』東京本社版の朝刊に、大々的に取り上げられることになった（さらには2月15日に名古屋本社版（夕刊）に、3月8日に西部本社版（朝刊）にも同記事が掲載される）。その後も、さまざまな媒体からの取材が続き、プロジェクトは部活動改革の旗手として重要な役割を果たしている。

なお、プロジェクトの活動は、当初は上記の6名の先生たちによって展開されていた。2017年3月に、先述の学習院大学教授の長沼豊氏が「顧問」に就き、より幅広い活動の展開を考えているという。プロジェクトメンバーにたずねたところ、この顧問とは、まさに部活動の「顧問」が意識されている。つまり、6名の先生たちの自主性を尊重しながら、その活動をサポートするのが長沼氏の役割ということだ。理想的な部活動の姿がそこに見えてくる。

3　既存の組合を超えた活動

部活問題対策プロジェクトがここまで影響力をもつに至ったのは、その活動形態と活動目標の新しさにあると、私は考えている。

まず活動形態の新しさについていうと、これまで部活動のあり方は、教職員組合という一つの組織を通じて、議論が交わされてきた。

その中心に位置するのは、日本で最大規模の教職員組合である日本教職員組合（日教組）である。日本教職員組合が、全国的見解として部活動の問題に踏み込んだのは、中澤篤史氏の整理によると、1970年に発表された「教職員の労働時間と賃金のあり方」においてである（『運動部活動の戦後と現在』青弓社、2014）。そこでは、運動部活動は教員の本務ではないのだから、社会体育（いわゆる「スポーツ少年団」のこと）に移行させるべきというかたちで、部活動の外部化が主張されていた。

ただし1970年代半ばには、今度は全国的見解として学校での部活動を積極的に保障しようという気運が高まる。部活動の外部化は、運動の競技化（＝五輪選手の育成）、社会体育への包摂（国への包摂）と同義にとらえられ、部活動は教員の手の届くところで、教育の論理に従って実施されるべきとの論調が強くなった。だが、そのなかで教員は、部活動は本務ではないにもかかわらず担当せざるをえない状況が続き、1980年代中頃からは再び部活動の外部化が唱えられるようになり、今日に至っているという。

この変節の詳細は、中澤氏の著書に譲ろう。ここで確認しておきたいのは、部活動における教員の過重負担は、1970年代から日本教職員組合という一つの組織を通じて検討されてきたことである。

実際に、本章の冒頭で示した講演会というのも、日本教職員組合の地域支部が開催したものである。一つの組織とは言っても、組合員のなかにはさまざまな見解の先生がいる。個々の組合員のレベルでは、けっして部活動の負担軽減一色というわけではない。けれども、教員を守るための組織として、組合は、部活動のあり方をなんとか改善していきたいという思いをもっている。

さて、組合において、教員における部活動の負担は古くて新しい問題である。いまになって議論が始まったのではなく、日本教職員組合では1970年代がそのスタートである。だがその古さの側面が、世間における問題性の認識の障害になっているように思われる。

古くから議論の蓄積があること自体は、改革の推進力を高めることにつながる。現在の私の活動は、日本教職員組合をはじめ、複数の教職員組合の主張や論理を学んで成り立っている。私にとって理解が難しいことについては、組合の幹部に連絡をしてアドバイスをもらうこともしばしばある。組合が積み重ねてきた知識や運動の意義は、とても大きい。

だが、私が「部活問題対策プロジェクト」の設立を内々に耳にしたとき、その活動形態におけるまったくの新しさに大きな驚きと期待を抱いたものだ。つまり、労働組合である教職員組合が、教員の負担を訴えてもそれほど驚きはなく、かつそれは古い問題であることから、第三者には既視感をもたらす。

部活問題対策プロジェクトは、その点が新しかった。

組合が昔ながらの主張をくり返しているのではない。真由子氏をはじめ、部活動顧問の負担について、ネット上で個々別々に訴えてきた教員が、ついに連携して、改革のうねりを生み出そうとしているのだ。既存の組織の枠組みを超えた、インターネット空間でのまったく新しい連携による問題提起である。

プロジェクト設立の前に、すでにネット上で問題を訴えてきていたことの効果は大きい。まずもって、イシュー（問題点や論点）が明確である。次項で示すように、活動の目標は、教員や生徒の負担軽減が軸になっている。

組織として多くの教員を抱える組合においては、部活動が大好きな先生もいれば、そうではない先生もいる。私も、組合主催の講演会では、その点はとくに気をつけて話をしている。

この組織内の多様な意見が、往々にして組織の主張を鈍らせてしまう。そういった鈍さが、部活問題対策プロジェクトには、ほとんど感じられない。

4　生徒の負担に着目した活動

部活問題対策プロジェクトは、既存の組合を超えたその活動形態の新しさにくわえて、活動目標においても、これまでにない新しさを有している。

「部活問題対策プロジェクト」のウェブサイトによると、「部活問題」とは、「部活動によって引き起こされる、様々な負の側面」を総称するもので、その負の側面が「教師、生徒、保護者、教師の家族などに様々な不幸をもたらしている」とされる。

この「様々な負の側面」を照射しようというのが、プロジェクトの最大の魅力である。従来型の組合の運動は、先述のとおり、生徒と教員それぞれの問題に向き合ってきたものの、1980年代中頃から今日まで教員の立場における過重負担を主軸に議論を展開してきた。

他方で部活問題対策プロジェクトには、ウェブサイトの主張にあるとおり、最初から教員の負担と生徒の負担を、車の両輪のように同時に扱っていこうという姿勢がある。具体的には、生徒が直面する、体罰、強制入部、連日の長時間練習などを問題視する。これは今日の議論としてはとても斬新に聞こえる。なぜならそれらの問題においては、教員は一方的に批判を受ける側に立つのみだからである。

今日、教育問題や子ども問題の語り方は、子ども＝善、教員＝悪の構図で成り立っている。学校の外にいるマスコミや市民が、教員を含む学校内部を、予断をもって批判する。個別具体的な状況がわかる前から、教員はただ批判される側の立ち位置にいる。

その予断の是非は置いておくとして、部活問題対策プロジェクトの斬新な点は、みずから学校のあり方を批判的にとらえ、それを世論に訴えかけたことである。自浄作用をはたらかせて、学校内部から問題を提起しようというのである。既存の学校文化に縛られない、若い先生たちの新しい力を感じ取ることができる。
しかも、その射程は、学校という枠を超えて、部活動が「保護者、教師の家族などに様々な不幸をもたらしている」ところにまで拡がっている。教員や生徒が部活動に時間や体力を奪われれば、それは家族と過ごす時間が奪われることにもなるということだ。部活問題対策プロジェクトの活動目標はシングル・イシューなのだが、その狙いは部活動全体の地殻変動を起こそうという大規模で幅広いものである。

5　ネット署名：部活動顧問を「する・しないの選択」

部活問題対策プロジェクトが、活動の第一弾として2015年12月に開始したのが、部活動顧問の過重負担に関するネット署名である【図8-2】。呼びかけ文はこう始まる。

ある教師の声
「100連続勤務達成。2014年の休日は7日間でした。全ては部活動のせい。ストレスなのか疲れなのか、最近心臓がバクバクなって頭に血が上った状態になる。病院に行く暇は皆無。」
日本の文化として、私たちの身近な存在である部活動。学生時代に、土日も祝日も部活動に懸命に打ち込んだ方も多いことと思います。

　今日の部活動は教育課程外の活動ですが、その教育的な効果を期待されるあまり、活動内容や教員の責任が拡大し、過熱の一途をたどっています。

　しかし、その部活動の指導は、教師のボランティアによって行われているという事実をご存知でしょうか。さらに、ボランティアであるはずの部活動の指導は全員顧問制度という慣習のもとに教師に強制されており、過重労働によって様々な不幸が起こっているのです。


「部活がブラックすぎて倒れそう…教師に部活の顧問をする・しないの選択権を下さい！」とタイトルが付されたchange.org上でのウェブ署名は、２日間だけで１３００筆を集める勢いで拡がり、２０１７年６月の時点で計３万２千筆に達している。

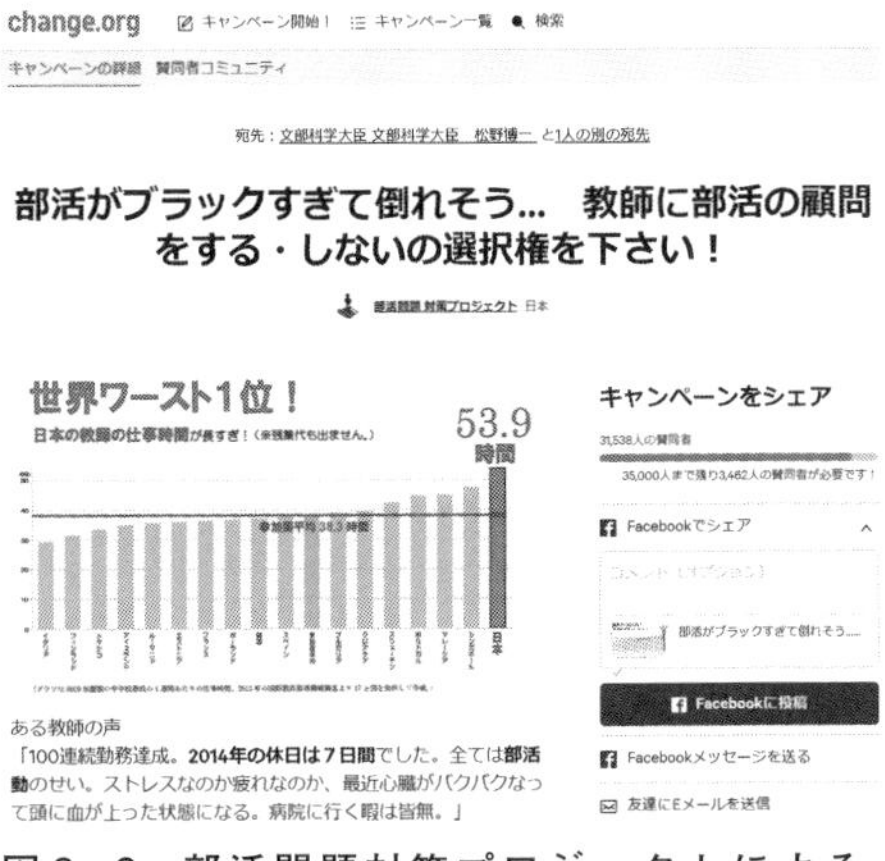

図８−２　部活問題対策プロジェクトによる、change.org上でのウェブ署名

署名の趣旨は明確である。部活動指導は、教員の本務ではなく、ボランタリーな活動である。しかし現実には、すべての教員が部活動指導にあたることが慣例となっている。そして、平日の夕方と朝の時間を無給で指導にあたり、土日祝日も練習や大会参加のために出勤することが求められる。そこに「する・しないの選択権」はない。「部活がブラック」という表現には、そうした実情が反映されている。

プロジェクトが文部科学省に求めることは、「学校の教師に部活動の顧問をする・顧問をしないの選択権を与えるよう、文部科学省が日本全国の教育委員会に指導・指示すること」である。教育課程外である部活動について、国がその扱いの細部にわたってまで決定してしまうのはハードルが高い。そこで、学校を管轄する各自治体の教育委員会に対して、文部科学省から指導・指示することを、プロジェクトは要望している。

興味深いのは、呼びかけ文の最後に、署名が、「誰にも知られずに非公開で賛同（署名）できます」と、その方法が図解で説明されていることである。通常、署名というのは、たとえば紙媒体がそうであるように、署名欄に記載した自分の署名が、用紙を手にした他の人の目に入る可能性がある。

職員室の当たり前である部活動指導に異を唱えるということは、先生たちにとってかなり勇気のいることである。身バレを恐れる先生たちにとって、自分の名前が他の人たちの目に触れないというのはありがたいことなのだ。

6 ネット署名：部活動への入部を「する・しないの選択」

部活問題対策プロジェクトは、部活動顧問の選択権の次に、生徒の選択権に関する署名活動に着手した。2016年3月に「生徒に部活に入部する・入部しないの自由を！入部の強制に断固反対！」と題して、新たなネット署名を開始した。


学校から「強制的」に部活に入部させられ、苦しんでいる子どもたちがいます。

学校の「強制入部」のシステムに断固反対します。

仕方なく入部したのに、顧問からは「やる気がない」と罵られ、他の部員から「ヘタクソ」と馬鹿にされ、退部も転部もできない。

酷い場合には部活を苦にして不登校になる子どもたちもいます。

日本全国の学校で、生徒が「部活に入部する・入部しない」を自由に選べるようにすることを求めます。

部活を通して素晴らしい成長をする子がいる一方で、そうではない子もいるのです。

どうか、署名へのご賛同をお願いします。

あなたのご協力が日本全国の苦しむ子どもたちを救います。

呼びかけ文には、部活動に苦痛を感じる生徒の声があげられている。部活動は生徒の自主的な活動であるはずなのだが、現実には強制入部としている学校が多くある。部活動によって大きな成長を遂げる生徒がいる一方で、無理に入部させられた上に、濃密な人間関係のなかで心を病んでいく生徒もいる。

参加することも離脱することも自分の意志で選べるはずなのに、なぜそこに縛りつけられ苦悩しなければならないのか。この問いは、同じく自主的に指導するはずの教員の苦悩と重なってくる。

この生徒編の署名は、２０１７年６月末で１万３千件が集まっている。教員編と合わせると、その合計数は４万５千件に達する。どこの組織にも所属しない匿名の若手・中堅の先生たちが、４万５千人の筆を集めたのである。

現在、部活問題対策プロジェクトは、さらに新たな活動を開始している。

それは、「レッドシールキャンペーン」と呼ばれるもので、職員室にある自分の机の右隅に赤い丸のシールを貼るという活動だ。

これは、部活動のあり方に関心があることを「暗に」示す方法であり、「もし、同じ学校であなた以外に赤いシールを見つけたら声をかけてつながりましょう」とプロジェクトは訴える。

なぜ「暗に」するのかといえば、それは、職員室のなかでは部活動の議論は、いまだもってタブーなことが多いからである。学校現場においては、「連日の部活動をしっかりと指導してこそ一人前の教師」という考え方が根強い。だからこそ、ひっそりと少しずつ仲間を増やしていこうという戦略である。

先生たちは、顧問としての過重な負担に苦しんでいる。その一方で、自分自身のことのみならず、生徒や保護者をも含めた部活動に関わる人びと全体の状況改善に向き合おうとしている。その姿勢には、先生たちの並々ならぬ覚悟と意気込みを感じる。

学校内部からの勇気ある問題提起に、私たちはしっかりと耳を傾けなければならない。

第９章

未来展望図

――「過熱」から「総量規制へ」

1　教員のオフ会：より幅広い全国ネットワークへ

「教員人生で最高の研修会だった」――参加者の一人はオフ会をこう絶賛した。

２０１７年３月下旬のこと、Twitter でやりとりを重ねてきた先生たち10名が、西日本の某所に集結した。東北、関東、中部、関西、九州と、全国各地からの参加である。

中学校の先生が多数派だが、小学校や高校の先生もそこにはいた。年齢層も20代から40代までと、まったくのバラバラである。だがそこには唯一、共通する思いがある――「部活動のあり方を変えたい！」だ。

オフ会全体の目的は２つ。第一が、部活動問題を改善していくための全国的ネットワークの構築であり、第二が、顧問の負担軽減（顧問の辞退を含む）に向けた経験と戦略の共有である。

会場では、口頭で意見が交換されるだけではなく、さまざまな資料が配付されて、情報の共有が図られた。管理職との交渉において有効な文書のひな形や、全国規模での教員間の連携の方法など、これからの闘いのための検討材料が提示された。このオフ会が「研修会」と評されたのも、もっともである。

それらの企画以外にも、３月には私が知る限り、関西、関東、中部でそれぞれ３～６名規模のオフ会が、同時多発的に開催されていた。この3月の同時多発的オフ会は、部活動改革の新たな拡がりを感じさせる。

先述のとおり、オフ会の参加者は、多様である。全国各地に散らばるTwitter仲間が、一堂に会している。中学校の先生だけでなく小学校や高校の先生も、年齢層もさまざまで、運動部だけでなく文化部の顧問も集った。さらには、教員だけでなくその家族も参加していた。教員自身は部活動に夢中なのだが、それに危機感を覚えた配偶者が動いているのだ。部活動にかかわらず多様な人たちを巻き込みながら、日本全体で地殻変動が起きていることを感じさせるオフ会であった。

そして水面下のオフ会はすぐに、一つのかたちとなって、私たちの目の前にあらわれた。「部活改革ネットワーク」の誕生である。

2 「部活改革ネットワーク」の誕生

私たち志ある教員は、密かに手を取り合う事にしました。現在私たちは、日々情報交換をしています。望まないブラック部活にどう対処すればよいのか、考え合っています。

これから多くの現場で、名もなき志士たちが立ち上がるでしょう。子どもたちに教育の質を保障するために。教員が人間として当たり前の生活を手に入れるために。

（部活改革ネットワーク「設立趣旨」より一部抜粋）

ブラック部活動の改善を願って、新しい全国組織が立ち上がった。

その名は、「部活改革ネットワーク」。現職の教員によって構成される全国横断的ネットワークである。３月の同時多発的オフ会をとおして、２０１７年４月30日に公式 Twitter（@net_teachers_jp）を開設した【図９-１】。全国の同じ思いをもった教員をつなぎ、情報と戦略を共有し、学校現場からの部活動改革を目指す。

「部活改革ネットワーク」（以下、改革ネット）は、部活動のあり方を草の根で改善していく。

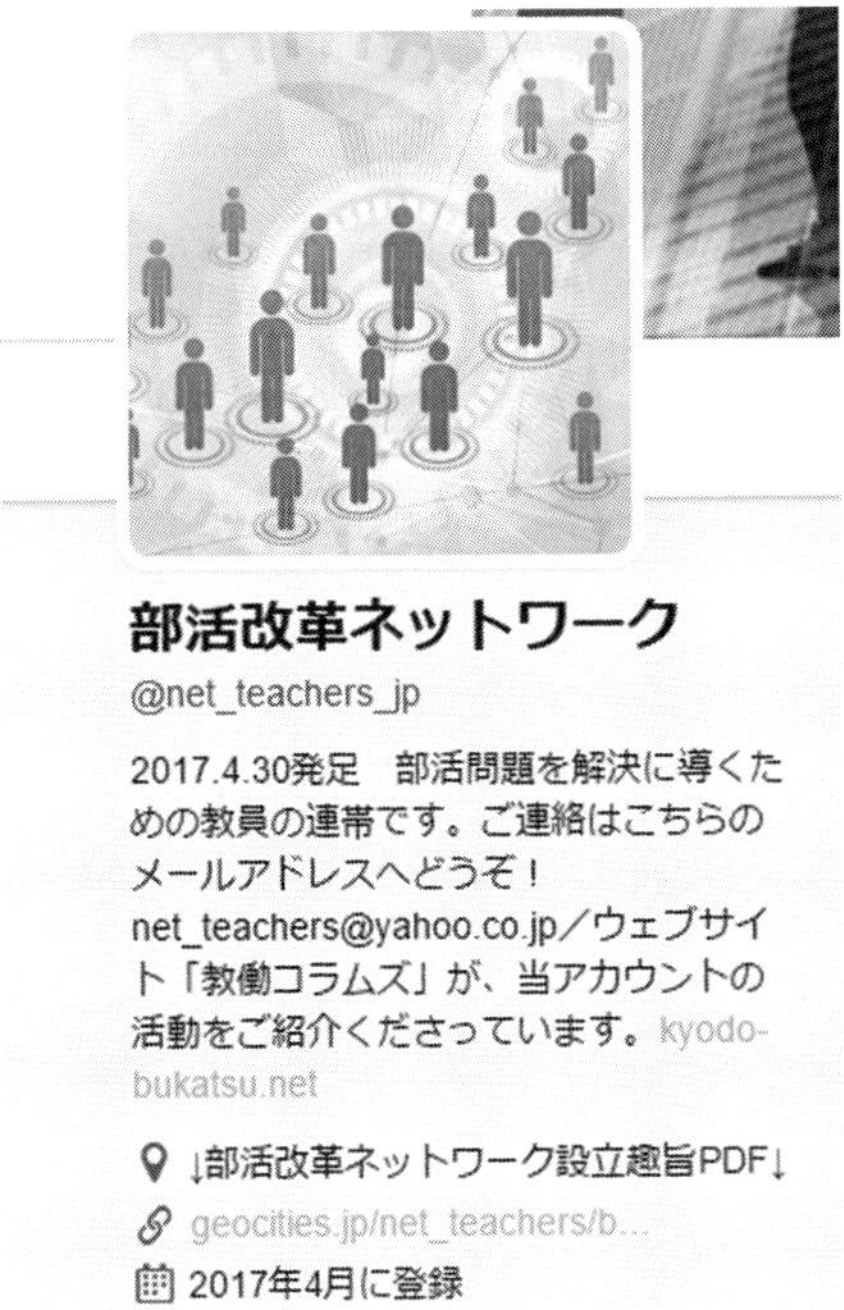

図９-１　部活改革ネットワークの公式 Twitter アカウント

部活動改革を主導してきたインターネット上の組織としては、本書でもたびたび言及してきた「部活問題対策プロジェクト」（2015年12月に設立）が知られている。6名の教員らから構成され、ネット署名を中心にさまざまな活動を展開し、その活躍はメディアでもたびたび取り上げられてきた。部活問題対策プロジェクトが少数精鋭による世論構築の活動であるとすれば、改革ネットは多くの教員による草の根的な戦略共有と世論拡散の活動である。

事務局の回答によれば、改革ネットは公式Twitterを活動の拠点にして、現職の教員約60名（2017年6月末時点）が連携している。ただし個々の教員は、匿名性を保つために、公式アカウントを必ずしもフォローしているわけではない。

改革ネットは現在、北海道・東北／関東／中部／近畿／九州・四国・沖縄の計5つの「地域ネットワーク」を開設している。5つの地域ネットワークは、それぞれにTwitterのグループDMを設けて、そこに賛同者が登録される仕組みになっている。各地域ネットワークには地域代表が1名ずつ就いており、その地域代表5名が集まり、改革ネット全体の運営方針を決定している。

さらには、教員やその関係者らの「声」を集めたサイト「教働コラムズ」（https://www.kyodo-bukatsu.net/）においても、改革ネットの活動を応援するためのページが特設されている。なお「教働コラムズ」には、教員の声以外にも、教員家族の声、保護者の声、学外の声が集められている。本書でも第4章において、教員家族である妻の声を紹介した。「教働コラムズ」に掲載されている声は、部活動の負担が教員だけの問題ではないことを、切々と訴えかけてくる。

3 職員室のタブー：先生は部活動問題を語れない

改革ネットの活動目的は、明快だ。先に引用した「設立趣旨」にもあらわれているように、問題意識をもった全国の教員たちが情報を交換し、戦略を練り、それぞれの学校や地域において声をあげていくことを狙っている。

この活動の背景について、改革ネットの全国代表を務める斉藤ひでみ氏（@kimamani-go0815）に取材を依頼したところ、快く応じてくれた。

■職員室のタブー

内田：なぜいまネットワークを立ち上げたのでしょうか。

斉藤：部活問題についてこれだけ世論が高まっているけど、その一方でじつは職員室では、ぜんぜん議論がないんです。世論とは対照的に、職員室では部活問題は存在しない。部活を熱心に指導して当たり前の文化だから、部活問題はタブーなんですよ。

内田：なるほど。世論との温度差がある。では、そこにどう切り込んでいくのでしょうか。

斉藤：部活のあり方を問題視している先生たちは、もっといるはずなんです。ただ、職員室で声をあげていないだけで。だから、そこでまずは、自分たちがどうやって声をあげていったらよいのか。そのためには、情報を交換して知識をつけていくことが必要で、ネットワークがその場を提供するということです。

■本当は自分たちが変わるべき

内田：問題の改善についてどのような展望をもっていらっしゃいますか。

斉藤：改革ネットとしては、対外的には教育行政にこの問題にもっと向き合ってもらいたいと思っています。でも、根源にある思いは、私たち自身が変わらなきゃいけないということ。教育行政から助けてもらうんじゃなくて、本当は、職員室のなかのタブーを自分たちで変えていこう、と。だから、改革ネットのメンバーが、学校で少しずつ声をあげて仲間を増やしていく。それが全国的に展開すれば、きっと教員の負担も、生徒の負担も、それを軽減するための方法が見えてくるのではないかと考えています。

改革ネットにおいては、ごく数名のアカウント以外は、外から見て誰がそこに関わっているかさえわからない。きわめて匿名性の高いネットワークである。

なぜ、そこまでコソコソしなければならないのか。その答えは、「職員室では部活問題は存在しない」、すなわち「部活問題はタブー」だからである。この数年で、部活動の改善を求める世論は急速に高まっている。だが世論は変われど、職員室は変わらず。

残業代もない、土日も出勤、代休なし。それでも職員室の空気は、「部活指導してこそ一人前」「夜遅くまで熱心な先生」ということだ。「無法地帯」における「無風状態」。ブラック部活動、ブラック職員室の闇は深い。改革の舞台に匿名性の高いインターネットが選ばれたのは、必然と言える。

4　草の根から変えていく

改革ネットはTwitterを活動基盤にしているため、完全なインターネット社会での連携のように思われるかもしれない。

だがすでに述べたとおり、改革ネットの出発点は、3月に全国各地で同時多発的に開催された教員のオフ会にある。教員として学校に勤務するなかで、学校のあり方を問題視するというのは、大きな勇気がいるし、お互いの信頼関係がなければ自己開示も容易にはできない。

だから、先生たちはリアル社会での集まりを大事にするのだ。時空間をリアルに共有することで、その後のインターネット上での活動展開に安心して進んでいける。4月の設立以降も、全国各地で「地域ネットワーク」主催によるオフ会が開かれているとのことだ。

4月下旬にとある地域で開かれたオフ会について、そこに参加した世良蘭丸氏（@gerber83215890）は、その様子をブログ「部活動という教育問題」(http://ameblo.jp/sela-lanmaru）において「最後は自分です」と題して、次のように綴っている。

青山：生徒に部活動の問題なんて話せません。やる気のない教員と思われるから。

落合：俺は全部話しているよ。教員の正式な仕事じゃないこと。大半が勤務時間外であること。部活動の肥大化によって、生徒も教師も疲弊していること。問題点が多いこと。部活が生徒や教師に半ば強制され、自由が奪われていること。生徒はそんな話を真剣に聞いてくれるし、納得した顔をするよ。世の中の問題点の本質を投げかけないと、生徒の批判力や思考力なんて育たないよ。むしろチャンスだよ。

職場の同調圧力やパワハラ的な管理を恐れるよりも、自分がそれに縛られず、自由意思で生きれば制限など無いのと同じでしょう。
そのためには、一人ひとりが本気で自律・自立・独立する必要があるわけです。

（世良氏のブログより）

会話のなかに登場する落合氏は、部活動とはいったい何なのか、そこに生徒や教員はどう関わるべきなのか、それを生徒と共有しているという。部活動の問題をタブーにしたままでは、「生徒の批判力や思考力なんて育たない」という言葉は強烈である。生徒をも巻き込んだ、学校現場からの部活動改革である。

改めて、設立趣旨の言葉が思い起こされる——「これから多くの現場で、名もなき志士たちが立ち上がるでしょう。子どもたちに教育の質を保障するために。教員が人間として当たり前の生活を手に入れるために」。職員室のタブーは、いつしか解かれる日が来るかもしれない。

5　保護者が見た「ブラック部活動」

さて、部活動改革の推進において、保護者からの賛意は大きな追い風となる。
部活問題対策プロジェクトが実施したネット署名（change.org）の「教師編」と「生徒

編」それぞれのページに進むと、ページ下部には賛同者のコメントが掲載されている。署名数そのものが数万規模であるためコメント数も大量であるが、もし時間があれば少しだけでも目を通してほしい。そこには、じつにさまざまな立場からの生の声が掲載されている。

そのなかで、「教師編」と「生徒編」それぞれから一つずつ、生徒の保護者からの賛同コメントをここに紹介したい。

中学校に通う息子がいます。息子をオリンピック選手にしたいなどとは思いません。「部活は、楽しく、元気にやってくれたらそれでいい」と願っていても、実態はそれからはるかに遠く、明けても暮れても練習です。

そしてこの過酷な実態の裏には、指導にたずさわる先生がいます。明らかに、異常な勤務状況です。授業やその準備、生徒指導だけでもたいへんでしょう。それに連日の部活。もはや一人の人間がこなせる業務量ではありません。先生はみな、授業に取り組むことが本来の仕事のはずです。

私たち保護者は、子どもを有名選手にしたいのであれば、そして先生に勤務時間を超えての部活指導を望むのならば、お金を出して子どもを外に習いに行かせるべきです。先生も子どもも、笑顔で過ごせる学校現場に戻してください。

（「教師編」より　文意を損ねないかたちで、文章を適宜編集した）

息子は中学2年生です。スポーツが好きなのでサッカー部に入っただけなのですが、なぜ土日にも部活に行かなくてはならないのか。なぜテスト期間中にまで部活に参加しなければならないのか。なぜ休むと怒られるのか。あれだけスポーツが好きだったはずの息子も、最近はやる気をなくしています。でもやめたくても、やめられないという現実があります。私にはいまの部活のありかたは理解ができないです。

（「生徒編」より　文意を損ねないかたちで、文章を適宜編集した）

一件目の教師編の賛同コメントでは、保護者は自分の子どもが明けても暮れても練習している様子から、先生の部活動負担を心配している。そして、部活動はほどほどにして、「先生も子どもも、笑顔で過ごせる学校現場」を切望している。

二件目の生徒編の賛同コメントでは、自分の子どもが土日にまで部活動のために学校に行き、その過酷さにいまでは部活動へのやる気をなくしていると嘆く。しかし、だからと言ってやめることもできない部活動のあり方に、疑問を呈している。

保護者が自分の子どもをとおして見た部活動の活動量は、もはや子どもにとっても教員にとっても度を超した過熱の状況にある。活動量をもっと少なくして節度ある部活動を望んでいる。

6　保護者からの圧力

ただし上記のように、部活動の過熱に歯止めをかけるよう期待する保護者が多数派というわけではない。そして、自分の子どもの負担を心配に感じる保護者が一定数いるのはまだわかるとしても、教員の働き方に思いをはせてくれる保護者はかなり少数派のようである。

神奈川県教育委員会が２０１３年度に実施した運動部活動に関する調査では、教員と保護者に同一の質問がされている。その質問のなかで、教員と保護者の間の大きなズレとして目立つのが、「顧問教員の負担が大きすぎる」かについての認識である。

「そう思う／ややそう思う／あまりそう思わない／そう思わない」の選択肢で、教員の回答は「そう思う」だけでも57・1％に達する。他方で、保護者のほうは12・9％である。これに「ややそう思う」を足すと、教員は84・8％、保護者は46・1％である【図9−2】。いずれ

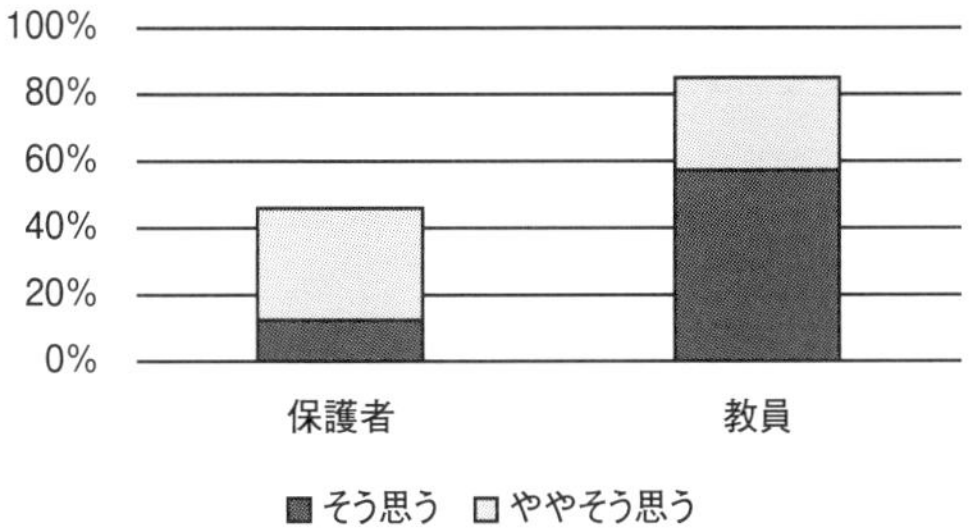

図9−2　「顧問教員の負担が大きすぎる」と感じる割合（神奈川県、2013年調査）

※報告書の数値をもとに筆者が作図。

にしても、教員と保護者とのギャップの大きさに驚かされる。

保護者が思っているよりはるかに、教員は運動部活動指導を大きな負担と感じている。言い換えれば、教員の負担感は、保護者にはぜんぜん伝わっていないのである。

実際に、部活動をめぐる保護者とのトラブルは本当によく耳にする。

大学への進学率が低い時代には、学校の先生といえばその地域ではごく限られた高学歴所有者であった。高学歴を後ろ盾にして、保護者よりも教員のほうが、はるかに権威があった。ところがいまは、四年制大学への進学率は50%を超える時代である。教員の権威は相対的に低下したといえる。

ましてや部活動ともなると、素人の教員が多い。さすがに授業については教員の専門性が高いから口出しできないとしても、部活動となると容易に口出しできてしまう。

部活問題対策プロジェクトのネット署名「教師編」に寄せられた、先生たちの内なる悲鳴を、ここにいくつか紹介したい（匿名性確保のために、文意を損ねないかたちで、文章を適宜編集した）。

▼私たちの日常は、部活動中心になっています。土日なしで部活動の指導にあたり、たまに私用で休みにすると保護者から学校に「○○先生は部活をちゃんとみてくれない」と電話が入り、さらにそこで管理職は私に長々と説教をします。

保護者は自分の子どもがレギュラーになれないと「先生の指導が下手なせいだ」と言い、部活動の運営方針にまで口を出してきます。保護者が私の知らないところで、他校の保護者と連絡をとり、勝手に練習試合を設定したこともありました。

こんな状況でよい教育ができるわけもありません。

▼未経験の部活動で顧問を担当しています。生徒と私の関係がうまくいかなかったとき、生徒の保護者に「部活動で手を抜いているから、こんなことになるんです」と厳しい口調で叱られました。やむなく、土日を返上して練習試合をびっしり詰め込み、休みなしで部活動指導に力を入れました。でも、次の４月にその競技を得意とする先生が異動してきたとき、その保護者からは「新しい先生が来てくれたので、もう○○先生は指導から外してください」と、校長同席のもと話し合いがもたれました。本当に、辛かったです。

部活動そのものが問題なのではありません。それを無理に教員に指導させることが問題なのです。

▼私には家族があります。でも、もう毎日の部活動のせいで、家の中はめちゃくちゃです。そして、強制的にやらされているのに、生徒の保護者からは、「もっと試合をいれ

てくれ」「休みが多すぎる」など、感謝されるどころか、批判ばかりが耳に入ってきます。もはや、気がおかしくなりそうです。

部活動において、保護者からの圧力により心身の調子を崩す例を、私はたくさん聞いてきた。第6章で紹介した、部活動が大好きだった先生も、未経験の部活動を担当した際に、保護者からの厳しいクレームが入り、それをきっかけに体調を悪くしたのであった。

ここでよほどの強い意志がない限り、この圧力をはねのけることは難しい。保護者の武器は「子どものため」である。子どものために大事な関わりを、あなたは放棄するのか、と。こうして教員は、部活動の指導に駆り立てられていく。

ただし一言付け加えておきたいのは、先述の「先生も子どもも、笑顔で過ごせる学校現場」という声に代表されるように、ネット署名「教師編」には、保護者の立場からの賛同もたくさん届いているということである。保護者が、部活動指導の過重負担に危機感を抱き、このままでは先生の身が持たないと筆を執ったのだ。部活動改革は、学校の内部だけでは達成できない。教員を応援してくれる保護者を味方につけながら、広くこの問題を訴えていく必要がある。

7　未来展望図：「居場所」の論理にもとづく部活動改革

いかなる社会問題も、まずは問題の「見える化」が不可欠である。つまり、そこにどのような苦悩や困難があるのか、その具体像を声とエビデンスにより明示化しなければならない。そして「見える化」の作業が進むと、今後とるべき対策の輪郭もおのずと浮かび上がってくる。

本書を締めくくるに当たって最後に、部活動の未来展望図を描きたい。

本書の副題「子どもと先生の苦しみに向き合う」にも示したとおり、部活動改革は、部活動に直接関わる生徒と教員両者の負担を軽減するものでなくてはならない。そして、さまざまな声とエビデンスから見えてきたのは、肥大化してきた部活動が生徒と教員にもたらす負荷の大きさである。

結論を先に述べるならば、「居場所」の論理を拠り所にした部活動の「総量規制」が、改革の成否を握る。以下、まずは部活動改革の土台となる「居場所」の論理を確認し、次にそのもとで進められる「総量規制」が、改革の実現においていかに効果的であるかを説明したい。なお、未来展望図の全体像は、図に示した【図9-3】。これから先の議論はこの図9-

3を適宜参照しながら、理解してほしい。

部活動の未来展望図は、「居場所」の論理を土台にして描かれる。「居場所」の論理とは、すでに第3章で述べたとおり、「競争」の論理の対になる考え方である。

まずもって居場所という言葉には、部活動のもっとも重要な機能である機会保障の意味が込められている。そして居場所というのは、生徒にとってそこに居ることが強制されるものではなく、そこに居ることが選択できるものである。「そこに居てもいい」ということだ。

放課後に授業以外の活動として、付加的なスポーツや文化活動に楽しめる場が生徒に低額で提供される。参加するかどうかは生徒の自由だ。このようなかたちで最低限の機会保障のために、生徒が自分の意志で選択できるスポーツ・文化活動の場として、部活動を残しておくことを、私は提案したい。ただし、その運営主体が誰なのか（学校の教員なのか、地域住民なのか）については、後段で改めて言及したい。

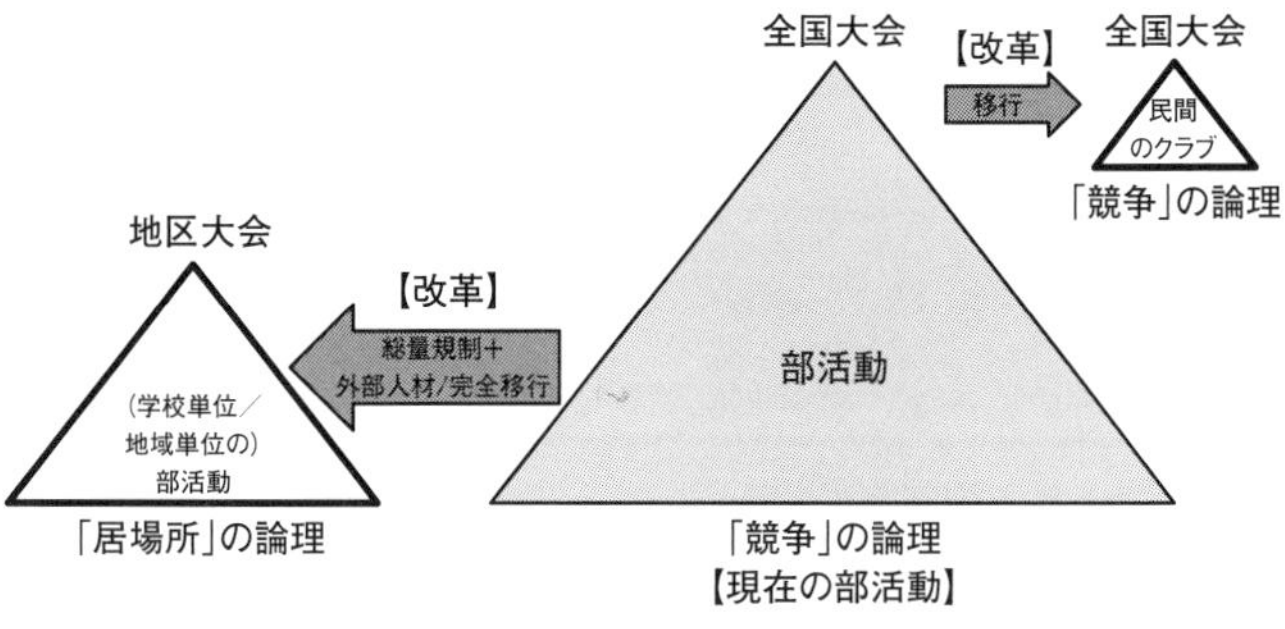

図９－３　部活動の未来展望図

それでは、「居場所」の論理とは具体的に、「競争」の論理とどこがちがうのか。「居場所」の論理は、けっして競争つまり試合やコンクールを完全排除するものではないし、勝つことを否定するものでもない。勝つことは楽しいし、それこそがスポーツや文化活動の醍醐味にもなる。だが、居場所の論理における勝つことの比重は、競争の論理よりもはるかに小さい。

次のことを想像するとよいだろう。競争という点では、一つの学校内においても、体育の時間や球技大会、体育祭、合唱コンクールなど、個人や集団で競い合う場面が多くある。これらの競争も、生徒は真剣に取り組むし、それなりに盛り上がるはずだ。

現在の部活動には、全国大会がある。それ以外にも（複数の）自治体規模での大会も、たくさんある。そして一年中季節を問わず、土日を含めて毎日のように練習をする。土日まで練習するのは、「勝つ」ためである。たくさん練習すれば強くなるという発想だ。

それに比べると、一つの学校内における競争の場合には、その規模はとても小さいし、練習日数も少ない。だが、そこにはその世界ならではの真剣さや盛り上がりがある。居場所の論理にもとづく部活動とは、競争重視ではなく、そこに関わる生徒たちが生き生きと楽しく活動できることを重視する。大きな負荷をかけて試練を乗り越えていくという強化選手の育成ではなく、当の活動を適度に楽しむことが目指される。

以上にみたように、居場所の論理では、競争への参入が抑制される。そして競争とはすなわち、第3章で言及したように、試合やコンクールでの成果が「評価」されるということである。したがって、居場所の論理とは根本的には、生徒も教員も「部活動＝評価の対象」の世界から降りるということでもある。

部活動が評価の対象になることで、そこに競争が生まれ、過熱に歯止めがかからなくなる。1990年代頃から今日に至るまで、部活動は評価の対象としての性格をいっそう強めてきた。それが評価から切り離されるということは、すなわち長年の間に根づいてきた入試と部活動との関係も解消されるということである。

戦後すぐの部活動は、評価の対象の外にあり、迫り来る競争の論理を排除しようとしていた。あのときの部活動を取り戻す。部活動の未来展望図を描く作業とは、じつのところ原点回帰の作業に他ならない。

8 「居場所」と「競争」の明確な役割分担

ここまで、「居場所」の論理にもとづいた部活動の未来展望図を描いてきた。

だが、居場所としての部活動はそれでよいとしても、「県大会上位、全国大会出場を目指して頑張りたい生徒は、どうすればよいのか」という疑問が浮かぶかもしれない。

図9-3に示したとおり、その答えは、もう「部活動」と呼ばれる仕組みのなかにはない。

ただし「部活動」とは別のところに、答えがちゃんと用意されている。トップアスリートや音楽家・芸術家を目指して頑張りたい生徒は、具体的には、民間のクラブ（スポーツクラブやお稽古事）に通うという選択をとることになる。

実際に今日のトップアスリートには、民間のクラブチーム出身者が目立つ。水泳、体操、卓球、フィギュアスケート、サッカーなど、さまざまな競技種目で多くのメダリストやプロ選手が、民間のクラブチームを経由してそこにたどり着いている。

公共のサービスたる部活動は、低額で機会を保障してくれるけれども、それ以上のものではない。エリートを目指すのであれば、私費を投じて民間の機関で特別な指導を受けなければならないのだ。

ここでいう民間のクラブとは、勉学でたとえるならば、いわば民間の学習塾とくに進学塾と同じようなものである（第1章の図1-1を参照）。偏差値の高い学校に入学したければ、私費を投じて、学校が終わった後の時間帯や土日の間に、民間の進学塾で特別な指導を受ける。なお、学習塾には授業の基礎内容の定着を目指す塾があるのと同じように、図9-3には描かなかったものの、民間のクラブチームにもエリート養成ではないクラブチームがあってよいことに異存はないだろう。

学校の先生のなかには、「部活動指導がしたくて教員になった」という人がたくさんいる。学校の外にスポーツや文化活動の市場が整備されていれば、そこで活躍できる可能性があるが、現実的にはそうした場はない。強い選手を育成したい場合には、教員にならずに民間のスポーツクラブに就職するという道がもっと開かれるべきである。

9 最重要課題は活動の「総量規制」：「ゆとり部活動」への転換

競争の論理から切り離されたかたちで、居場所の論理により、未来の部活動は運営される。この未来展望図を構想するにあたって、もっとも重要な実行すべき課題がある。それが活動量の「総量規制」である。私は、部活動改革の成否を握るのは、部活動の「総量規制」にあると考えている。

この総量規制とは、字義どおり、部活動の活動量を総合的に減らす取り組みを指す。一言で表すならば、「ゆとり部活動」の追求である。「ゆとり部活動」の「ゆとり」は、具体的には、「練習に充てる時間数や日数の削減」と「全国大会への不参加ならびに参加大会の精選」の2つの要素により達成される。

「練習に充てる時間数や日数の削減」においてとくに重要なのは、一週間あたりの練習日数を大幅に減らすということである。このところ教育行政が取り組んでいる週1～2日の「休養日の設定」とは、削減の程度がまったく異なる。

たとえば未来の部活動は、活動日の上限を週に3日までとすればよい。この「3日」に明確な根拠があるわけではないものの、せめて今日の週6～7日にまで過熱している部活動からは大きな転換を図るために、今日の半分程度にまで減らすべきである。教育行政による「休養日の設定」という提案は、基本的に競争の論理に乗ったままの発想である。そうではなく、徹底して部活動をスリム化するのだ。そこに、朝練の廃止が含まれることは言うまでもない。

もう一つ、「全国大会への不参加ならびに参加大会の精選」は、競争の論理からの撤退を徹底させるための仕掛けである。

今日の部活動には、多くの大会が設けられている。日本中学校体育連盟（中体連）、全国高等学校体育連盟（高体連）、日本高等学校野球連盟（高野連）、全国高等学校文化連盟（高文連）などが主催する全国大会だけでなく、各競技種目や各文化活動の中央団体が主催する全国大会、各自治体が主催する大会、自治体間の連携による大会、民間企業の主催や協賛による大会（いわゆる「冠大会」）、さらには部活動顧問間のネットワークによる私的な大会など、じつにさまざまな大会がある。

これらの複数の大会に学校の部活動としてエントリーすると、今度はそのために練習試合が必要となり、そのために日々の練習が不可欠になってくる。こうして、競争の論理に乗った部活動は、気がつけば休みなく活動することになってしまうのである。参加できる大会数に上限を設け、また参加できる大会の規模も地区大会までにするかたちで、大会がもっている過熱効果を抑制すべきである。

10 「総量規制」がもつ効果

総量規制により、部活動の活動量が今日の半分にまで縮減されたとしよう。その効果は計り知れない。なぜなら、単純化していうと、部活動の運営に必要なコストが半分で済むからである。

今日、教員の部活動負担を軽減すべく、外部指導者の活用などによる部活動指導の外部委託が進んでいる。しかしながら、その動きは遅々としている。

その理由は一つに、肥大化した部活動が、教員の不払い労働（厳密には平日が不払いで土日が最低賃金以下の労働）によって成り立っているからである。外部に依存するには大規模な予算編成が必要である。外部指導者の活用が進みにくいもう一つの理由は、人材の不足である。放課後の時間帯に仕事を終えて生徒の面倒を見に来てくれる人は、そう簡単には見つからない。

じつはこれら2つの理由は、「現在の部活動の活動総量を維持するとしたら」という前提で、はじめて成り立つ理由である。つまり、現在の総量を維持するために、外部委託に莫大な費用がかかり、また多くの外部人材が必要となる。

だが、総量が半分になったらどうだろうか。負担軽減のために想定されるさまざまなコスト（予算や人材）は半分で済む。

さらにいうと、週３日の活動量であれば、人材をうまくまわすことができる。「週３日」というのは、細かくいうと生徒の活動日数を指している。生徒は、どれほど部活動が楽しいとしても、上限は週３日とすべきだ。

他方で、指導者は好きにすればよい。たとえば、部活動に情熱をもって指導してくれる教員はたくさんいるはずだ。現在週６～７日のペースでみずから好んで指導に当たっている教員に、これからは週２～３日の部活動を一週間に２つ担当してもらえばよい。あるいは週２日の部活動であれば、３つの部活動を同時に受け持つことも可能になる。これは、地域の外部人材にも当てはまる。可能ならば、２つの部活動を全面的に指導してもらうこともありうる。

なお後段で述べるとおり、これからの部活動においてその指導は教員主体で進められる必要はないし、「学校部活動」である必要もない。複数の学校をとりまとめた「地域部活動」という運営方法もありうる。

そして、みずから指導することの可能性について、とりわけ教員において注目すべきは、多くの教員が部活動にそれなりの意義を感じているということである。それは機会保障という制度的な意義というよりも、生徒の成長に関わる教育的な意義であり、まさに教員としてのやりがいに通じるものである。だが問題なのは、今日の部活動は労働者として見たときに「ブラック」だということであった。これでは、部活動の指導に魅力を感じている教員でさえ、部活動指導に抵抗を感じてしまう。

しかし、週3日あるいは週2日でよいと言われたらどうだろうか。競争の論理から降りて、生徒と週に数日、自分たちが好きな競技種目や文化活動の時間を共有する。これならむしろ、「やってみたい」とみずから顧問を志願する教員も増えるかもしれない。

しかも総量規制のもとでは、同一学校内で同時に練習する部活動の数が少なくなるため、トレーニングで廊下を走るようなことも抑制できる。

そして総量規制の魅力はなんと言っても、総量を規制すること自体に、いっさいコストがかからない点である。単に部活動を週の半分休みにしてしまえば、それで達成できる。その意味では、総量規制はいますぐにでも実行可能な改革策なのである。

11 「学校」から「地域」の部活動へ

部活動の実施主体についても、一言触れておかなければならない。図9-3にも記したとおり、未来の部活動は、けっして学校単位にとらわれる必要はない。地域単位の部活動も想定すべきである。言い換えると、学校（教員）主体の部活動ではなく、地域（住民）主体の部活動を構想するということである。

地域を軸にした部活動に類する活動というと、「総合型地域スポーツクラブ」広くは「社会体育」や「社会教育」を思い浮かべる読者も多いことだろう。なるほど教員の負担軽減を理由にして、2000年代に「総合型地域スポーツクラブ」への移行が、またそれ以前にも、地域主体の活動への移行が、いくつかの地域で進められたことがある。

ところが、その多くは十分な地域への移行を成し遂げる前に頓挫してしまった。地域の人材が不足していたり、学校側が学校管理下での生徒への教育効果にこだわったり、事故時の保険制度が学校のほうで十分に整えられていたりと、学校から部活動を切り離すだけの十分な準備ができなかったのである。

その結果、学校内で指導をしているけれども、「部活動」の看板が、「社会教育」などの看板に掛け替えられただけで、実質的に同じ教員が指導を続けるということも起きてしまった。したがって、地域（住民）主体の部活動を構想するにあたっては、同じ轍を踏まないこと、そのための制度設計を十分に済ませておくことが重要である。

その制度設計の一つが、ここまで述べてきたとおり、居場所の論理による総量規制である。これによって、予算と地域人材の確保が相対的に容易になり、部活動の運営は学校の教員にあまり頼らなくて済むようになる（みずから関わりたい教員の権利は認められるべきである)。

いずれにしても、部活動の活動総量を小さくするということは、それを別の主体が担える可能性を高めることになる。地域によっては、学校(教員)主体が望ましいところがあるだろうし、地域(住民)主体の展開が可能なところもあるだろう。地域の実情に応じて、部活動の実施主体を考えていけばよい。

12 「自由」と「規制」の部活動へ

本書では今日の部活動の特徴を、「自主的なのに強制される」そして「自主的だから過熱する」という2つのフレーズで表現した。

ここまで描いてきた部活動の未来展望図は、「過熱」し肥大化した部活動の活動量を「規制」しようという提案であった。そしてこれは、部活動への参加を「強制」ではなく「自由」にするという目標と連動している。

「全員顧問制度」のもとですべての教員が部活動指導を余儀なくされるのは、肥大化した部活動に教員の数が追いつかないからである。総量規制により部活動の規模が現在の半分にまで縮減されたとき、先に指摘したとおり、明るい材料が見えてくる。

一つに、部活動をみずから好んで指導したい教員は、一人で2~3の部活動を担当すればよい。その結果、他の教員の負担が大幅に減り、教員は指導の強制から解放される可能性が高くなる。もう一つには「週に数日なら、ぜひとも」と、強制ではなく自主的に部活動指導に乗り出す教員も出てくることだろう。いずれにおいても、「強制」ではないかたちでの部活動指導に近づくことができる。

そして言うまでもなく、居場所の論理にもとづく総量規制において、生徒に部活動を強制する理由はどこにも見当たらない。放課後に保障された付加的なスポーツ・文化活動の機会を利用するかどうかは、自由に決めればよい。

さらには、部活動は評価の対象にはならないため、部活動の参加に暗黙の強制力がはたらくこともない。現状では、生徒の部活動参加率は９割に近い。だが、参加の自由度が高まれば、部活動の参加率はほぼ全員参加の現状よりは、低くなるだろう。その点でも部活動運営面でのコストは小さくなると予想される。

ところで、生徒の部活動参加を「自由」にしたり、その活動量を「規制」したりすることについては、「部活動の教育的効果が得られなくなる」という批判が待ち受けている。

部活動の教育的効果（意義）というのは、たとえば社会性の育成やチームワークの醸成などである。しかしながら気になるのは、根本的なところでまずなぜその教育的効果を全員が享受しなければならないのか。生徒全員が享受すべきような教育的効果であれば、教育課程内の授業や学校行事などをとおして享受できるようにするべきである。

また、はたして週6〜7日も費やしてまで得なければならない教育的効果とはいったい何なのだろうか。それは週2〜3日では得られないものなのだろうか。総量規制により教育的効果が小さくなるという不安はわかるけれども、週2〜3日ほど濃密に向き合えばそれが得られるという可能性について、前向きに検討すべきである。

非行抑止という教育的効果を訴える人たちもいる。放っておけば遊んでしまうかもしれない生徒たちを学校につなぎとめることで、非行に走る機会をなくすことができるという発想である。

これは理屈のうえでは正しい。学校につなぎとめておけば、コンビニにたむろすることもないし、繁華街で遊ぶこともないだろう。ただし、学校の外では非行がなくなったとして、はたして部活動の内部はどうなのだろうか。部活動こそ、「体罰」の温床であるし、ブラック企業戦士への予備軍を生み出しているではないか。また、人間関係が濃密であるだけに当然生徒どうしのトラブルも頻繁に発生するし、保護者と教員のトラブルも部活動に多い。

部活動で生徒を夜まで拘束すれば、たしかに学校の外のトラブルは減るかもしれない。だが、はたして学校のなか、部活動のなかのトラブルはどうなのだろうか。そこをブラックボックスにしたまま、部活動の非行抑止効果を唱えることには慎重でありたい。

以上が、部活動の未来展望図である。見通しがまだまだ立たないなか、それでもあえて踏み込んで部活動の未来を思い描いてみた。一年後にはこの未来展望図は、大幅に書き換えられているかもしれない。だがあえていま踏み込んだのは、たたき台として未来展望図を提示しておいたほうが、これから先の部活動を具体的に構想することができるからである。私自身も、自分の未来展望図をたたき台にしながら、これからの部活動のあり方を考えていきたい。

最後に、私が知るある先生の言葉を紹介したい。その先生は、とある部活動については全国レベルの指導ができる力をもっている。そして、こう語る。

自分は××部であれば、専門的な指導ができます。全国大会に行く自信もあります。でも、だからこそ、××部の指導はしないようにしているんです。自分はその部活動が大好きだから、顧問になってしまったら、指導にのめり込みますよ。確実に、過熱します。そして授業準備よりも部活動に時間を使ってしまうでしょう。私の教員としての専門は、○○科です。その教科に時間と力を注ぎたいんです。

部活動とは、はたしていったい何のためにあるのか。学校教育は、生徒に何を与えるべきなのか。そして、教員はそこで何をすべきなのか。部活動の原点に立ち返りながら、その未来を展望していくことが求められる。

職員室から広げる 生徒・教員の負担軽減

中学校教諭　部活問題対策プロジェクト　中村由美子

「何のために仕事をしているのですか、お母さん」。

ある時、わが子の担任からの一言に衝撃を受けた。私は保健体育科の教師であり、母親でもある。当時、私は部活動と本務のため、平日・休日ともに連日長時間学校で働きづめで、自宅に全く居られなかった。家族との時間が皆無だった。わが子の体調不良に気づけず、症状が深刻化してしまった。「私は何をしているのだろう?」と思った。この思いが私の原動力になった。

当時、私の勤務校では多くの部活動が連日・長時間の活動をしていた。これは、教師・生徒ともに苦しい状況だった。この「当たり前」に誰も異論を唱えなかった。しかし、保健の観点から考えれば、休養が無ければ生徒は健康を壊す。保健体育科の目標は、生涯にわたってスポーツに親しみ、健康な生活を送るための基礎作りにある。生徒の中には、誤った練習によるケガで活動できなくなる者がいる。中学校で部活動をやり遂げた後に嫌気が差し、進学後にその種目を辞めてしまう者もいる。また、連日の無休・長時間労働は教師の私生活に犠牲を強い、心身の健康を害してしまう。これらは異常な状況だ。

私は数年間かけて、この問題意識を同僚・管理職・生徒・保護者と共有してきた。すべては、冒頭のわが子の担任からの一言に端を発している。以下、その経緯を報告する。

4月当初の職員会議で、部活動体制の提案があった際に手を挙げ、「私は顧問をもてません」と意思表示をした。喉はカラカラに渇き、身体中が震えていた。「何か報復されないか」と心配だった。ある職員からの反論で「やりたいと思って顧問をしている人なんて、本校には殆どいませんよ。それでも皆、生徒のために我慢してやっているのです」と指摘があった。私は『不本意ながら顧問をしている人の理解を得ていく必要がある』と改めて認識した。顧問拒否はその場では通らず、後日再検討となった。

日を改め、管理職から「うちは全員顧問制だから、あなたも顧問をやれ」と言われた。私は「全員顧問制に確実な法的根拠はない。顧問を担当しても、生徒の安全を保障できない。これまで本校では、部活動事故が問題となり行政から通知が来る度に『安全管理責任を果たすために顧問が必ず部活動時に生徒につくように』と管理職から指示があった。しかし、どの部活動顧問も部活動中に他の仕事（生徒対応・保護者対応・職員会議・学年会・出張等）で拘束されることが多々あり、事実上安全管理責任を果たせない体制にある」旨を伝えた。管理職からは「生徒が部活をできなくなって困る」とも言われたが、「その原因が部活動の体制と人手不足である以上、一教員の私が解決できる案件ではない」旨を話した。数回の話し合いを経て、管理職の理解を得て顧問拒否に成功した。

その年度当初は、顧問を拒否したことで、周囲の職員や管理職とうまくやっていけるか、不安もあった。しかし、職員全員と協力して日頃の教育活動を充実させる中で、自然に信頼関係ができてきた。私は、熱心に部活動に取り組んでいる先生方を尊重している。顧問をやる人・やらない人、どちらの立場もあっていい。

私は、連日働きづめの先生によく声をかける。「先生、いつもお疲れ様です。お体は大丈夫ですか。ご自身のことも大事にしてくださいね」。こうした日々を重ねる中で、問題意識を共有してくれる同僚が増えてきた。ある時期から、勤務校では全部活動が最低週1日以上の休養日を設けるまでになった。

私は現在、某運動部の副顧問を務めている。主顧問から「ぜひに」とスカウトされ、生徒・保護者・主顧問の間を取り持っている。部活が大好きで活動過多になりがちな主顧問にセーブをかけ、生徒・保護者に適切な休養日の設定について説明する。連日・長時間の部活動は、生徒も保護者も教師も、誰も幸せにしない。信頼関係を築いた上でじっくり話せば、立場を越えて多くの人に理解してもらえる。私は、そう確信している。

座談会
「部活動のリアル」

多くの学校は、校舎に大きく垂れ幕を下げ、
一番目立つ入り口にトロフィーを飾っている。
いったい学校はなんの場所なのか。

内田 良

「専門は？」と聞かれた教師は
「国語」「英語」じゃなく「サッカーです」と答える。
だから「部活動＞授業」という不等式が成り立ってしまう。

真由子

中学校教師、部活問題対策プロジェクトメンバー。ブログ「公立中学校　部活動の顧問制度は絶対に違法だ!!」（http://bukatsu1234.blog.jp/）で顧問制度への問題提起を続け、各種メディア、国会審議に取り上げられるなど、「部活動問題」の火付け役の一人。ライブドアブログ OF THE YEAR 2015 話題賞を受賞。

あんなに打ち込んだのに、
大半の生徒が高校で競技を続けてくれなかった。
そのことがショックで。

藤野悠介

中学校教師、部活問題対策プロジェクトメンバー。ブログ「生徒の心に火をつけるためのブログ」（http://blog.livedoor.jp/aoihorizon/）では、部活動への疑問を呈するとともに、英語教育や学級経営など、専門性を高め生徒と向き合うための情報を発信している。

内田　『ブラック部活動』というタイトルで本を執筆するにあたって、どうしても入れたかったことの一つが、「現場の先生の生の声」でした。部活動という「制度」の矛盾、顧問の楽しみや苦しみなどに、先生たちがどのように向き合っているのかをお伝えしたい。そこで今回は、部活問題対策プロジェクトの二人の先生にお話を伺うことにしました。

一人は真由子先生。ブログ「公立中学校 部活動の顧問制度は絶対に違法だ!!」で部活動問題を発信し続け、多くの支持を集め、毎日新聞などのメディア、および国会でも取り上げられています。いうなれば、部活動問題の火付け役といえる存在です。

もう一人は藤野悠介先生。ブログ「生徒の心に火をつけるためのブログ」では、部活動問題だけでなく、教科指導や学級経営など、教師として精力的に情報発信されています。

お二人とも中学校の先生で、かつて部活動の顧問を経験してきました。興味深いことに、真由子先生は未経験の競技の顧問として苦労した経験があり、他方の藤野先生は競技のエキスパートとして、全国大会出場経験もある指導者だったそうです。まったく対照的なお二人が、部活動顧問を引き受けなくなり、現在同じ志でプロジェクトに取り組まれているというわけです。ぜひ、今日にいたる経緯や、お二人の思いを伺いたいと思います。

「顧問はするもの」と思っていた過去

内田　まず真由子先生から、部活動とのかかわりについて伺いましょう。

真由子　教員になってしばらくは、運動部の顧問をずっとやっていました。そのころは、それほど疑問も持ってなかったと思います。いま思い返すと、たとえば授業で活躍できない子が頑張る姿が見えたり、保護者からも感謝されたり、試合で勝てばうれしいし、それなりにやりがいを感じていました。

内田　いまの真由子先生の立ち位置からすると、意外に思えます。

真由子　その頃は、「中学校の教師だから顧問はするもの」と、思っていましたね。担当した部活動の競技それぞれのシューズだったり、某運動部の時にはラケットも買いました。

内田　それは自腹で？

真由子　もちろんそうです。それだけではなく、指導用の本、DVD。あと、競技で審判をするときの審判着やホイッスルもありましたね。当時は、不思議とお金に頓着してなかった。そういうものだと思っていました。どこからも出ないというのにね。

藤野　買う以上、それなりにいいものを選ぶので、お金もかさみ

ますよね。

真由子　そうそう。そんなふうに教員生活を過ごしてきたんですが、ある赴任校で某球技の顧問になりました。その競技なんて大してやったこともないから、自分なりに勉強して指導を工夫して頑張るんです。でも、試合では勝てない。そうしたら、「先生、こうしたほうがいいです」といって、経験者の保護者がぐいぐい口出ししてくる。

藤野　あー、それは嫌ですね。非常にやりにくい。

真由子　練習から選手の起用、あと試合中の指示まで入り込んできます。そうすると、おっしゃるように非常にやりにくいんです。藤野先生みたいに部活動の指導が優れていたら、保護者も「藤野先生は指導もうまいし、生徒もちゃんとついてくる。きっと授業も生徒指導もうまいだろう」と、歯車がうまく回っていくんですが、その逆もあるわけです。

さらにいうと、保護者って基本的には協力的なんですが、ふとした瞬間に敵になるときがあって。たとえば、部活動は教育とはいえ勝たないといけないので、出る選手は偏りますよね。すると、わが子が全然出場できない保護者が「先生、なんで出さないんですか。うちの子、頑張っているじゃないですか」となる。でも他方、下手でも少し出場させたりすると、それはそれで「勝ちたくないんですか！」と、別の保護者のかんに障るようで。

内田　えー。それも駄目なんだ。

真由子　とにかくわが子を出してほしいという保護者もいれば、「勝たせてください」という保護者もいるわけです。歯車がうまくかみ合わなくなってくると、この点もいろいろと言われることが多くなってきます。こんなことが続いて「なんで顧問なんかしているんだろう」と考え始めたように思います。

別団体をつくって部活動に没頭

内田　今度は藤野先生に伺いましょう。部活動にどっぷりハマっていた側の立場で、当時の指導のことも振り返っていただきつつ。

藤野　僕も同じく、採用されたあとからずっと顧問は割り振られていました。特にのめりこんだのが3校目でのソフトテニス部で、そのころはとにかくハマっていましたね。全国チャンピオンを出そう、と意気込んでいました。ですから指導も徹底していて、朝練、放課後の練習、土日はもちろんですが、夜練として部活動とは別の団体を立ち上げてやっていました。

内田　別の団体というと……その点、もう少し詳しくいいですか？

藤野　部活動は学校でやっているから、練習時間の縛りがあります。だから、部活動とは違う法人を立ち上げて、団体にするんです。そうして、別の施設に移動して練習を続ける。

真由子　夜スペみたいですね。

藤野　立ち上げること自体は簡単で、部員がこの団体に所属してい

る、といった規約をつくって、とくに法人認定や登録をするでもない。部活動とメンバーは同じで、教えている人も一緒だけれど、名義は違っていて、施設を取るためだけの団体です。

内田　ちなみにどういった時間運営だったんですか？

藤野　例えば6時半まで学校で練習、違う施設に移動して7時から先1時間〜1時間半。よく考えたら、ご飯も食べてなかった気がしますね。そこに地域の人や外部指導者も来てくれる。そんな夜練が週2〜3くらいだったかなぁ……平日はこんな感じで、土日は練習試合です。かなり力を入れていたので、県外の学校まで遠征して試合をする。だいたい午前中だけで、土日両方ともやっていました。いま考えると、部活中毒ですねぇ。

内田　たしかに、これは中毒ですね。さっき真由子先生から自腹の話がありましたが、藤野先生はいかがでしたか？　毎週の遠征の交通費だけでもかなりの額になりそうですが。

藤野　遠征は生徒とバス移動なので、それは大丈夫でした。それより大きかったのは、真由子先生と同じく競技用品です。ちゃんとしたウェアも自分で買わないといけないので。

内田　Tシャツじゃだめなんですか？

藤野　大会だと、基本的に生徒と同じような服にしろと言われるんです。Tシャツは駄目で、スポーツメーカーのちゃんとしたウェアにしろと。これが結構な額で。

内田　それはメーカーがスポンサーになっているとか、そういうことですか？

藤野　いえ、そうではないんですが、そういう空気になっているんです。実際、上から言われるので、忖度するわけです（笑）。

真由子　私は、のちに顧問を一切やらなくなったとき、そういった用具も全部捨てました。練習メニューのエクセルデータもいっぱいあったんですけど、全部消去しましたよ。

内田　なるほどねぇ。藤野さんはあるでしょう。それだけ打ち込んできたわけですから。

藤野　そうですね、実はまだ残してあります。

真由子　未練があるんでしょ（笑）。

藤野　ないない、全然ないです（笑）。

内田　実際、大会での成績はどうだったんですか？

藤野　全国選抜大会に1回行って、あとは地区のブロック大会には毎回出ていましたね。

真由子　それはすごいですよ！

芽生えた疑問

内田　それだけ部活動に打ち込んでいたのに、変わったきっかけはなんだったんですか？

藤野　一番の原因が、あんなに打ち込んだのに、生徒たちが高校で全然テニスを続けなかったことです。中学では県内でも有数の選手だった子が別の競技にいってしまう。そのことがすごくショックで。楽しくなかったのかな、つらかっただけなのかな、と考えてしまう。それに、子どもたちは自分の周りではいい子のように振る舞っているけど、ほかでは粗暴な態度をとっていたんです。こんなに頑張っているのに、全然生徒のためになっていないんじゃないか、という疑問が大きくなり始めました。そのころ子どもができたこともあって、家族との時間がつくれないことも悩みで。それであるとき以来、根を詰めるのをやめて、休みも増やすようにしました。

真由子　藤野先生の場合、私と違ってかつてはのめりこんでいて、しかも優秀だったのに、急にやめたら、罪悪感があったんじゃないですか。

藤野　それはありました。いきなり落差が激しかったので、保護者も言ってきましたし。

真由子　保護者からしたら、藤野先生が指導すれば結果が出るのに、なぜやらないんだ、ってなりますよね。

藤野　そうそう。その学校では、初めの5年は打ち込んで、後半2年はゆとりをもってやっていたので、兄弟でも兄のほうにはがっつり指導、弟のほうはゆとり指導、という家庭もありました。その家が一番やっぱり激怒していたというか、「なんで?」と言ってきましたね。

内田　保護者から見たら、兄弟で対応が全然違うわけですね。

藤野　その点はやりにくかったですね。もっと緩やかに変えていけばよかったですね。あるとき、保護者が4人、練習計画表を持って校長室に乗り込んできたんです。

内田　校長室に!

藤野　練習計画表って、毎月分「○日の○時~○時まで」と、練習予定をまとめるんですけど、そのなかの「部活動なし」の日にマーカーを入れて、「こんなに練習が少ないんですよ!

どう思いますか！」と、校長に直談判しに来たわけです。

内田　それで、どうなさったんですか？

藤野　増やせない、とお答えしました。そもそも、顧問はボランティアで、これからは授業研究や他のことにもっと取り組んでいきたいから、そのために時間を使いたい、と説明して。そういうところもちゃんと大人の話をしました。

内田　部活動か授業かの選択で、授業を選んだ。保護者はすぐに納得してくれましたか？

藤野　納得してくれたのかわからないですけど、もちろん謝らず、ちゃんと話して自分のスケジュールは通してきました。

真由子　保護者も、結果を残していた先生だから、縮小していっても成果が出るんじゃないかと思ったんですよ、きっと。

内田　実際、日にちを減らしたあとの結果はどうだったんですか？

藤野　県大会は行っていました。土日は休み、平日も1日休みで。

内田　それで県大会に行っちゃうんだから、すごいよね。

保護者は教師のことを何も考えていない

真由子　私の場合は、家族の時間を大事にしたいという思いもあって、年度が変わって4月に「今年は、日曜日はやりません。土曜日は半日だけします」という表明をしました。それからしばらくして、ある土曜日の練習後、保護者数名に囲まれました。「先生、なんで今年から日曜に練習しないんですか。もうすぐ中総体が近いんですから、毎週やってください」と言われて。

内田　その保護者たちも、あらかじめ直談判するつもりで来たんでしょうね。

真由子　そう思います。囲まれながら、私はこう言いました。「土日もやっている先生もいるかもしれませんが、顧問はボランティアなんですよ。私にも家族がありますし」。すると、保護者が、「先生、短い期間じゃないですか。子どもを勝たせたいんですよ。子どものためにやってくださいよ」と言ってくるわけです。

そのときは気圧されてしまい、結局やりました。でも「みなさんはいいですよ、見てればいいんだから。でも、これを40・50代までやっていくなんてできない」と思いました。ブログも始めていた頃だったので、「糸が切れた土曜日」っていう記事にして。

内田　「糸が切れた」っていうフレーズ、覚えてます。

真由子　土曜日に練習試合に来ている、この時間もボランティアなのに、さらにもっと求めるんだなと思って。はらっと切れました。保護者は先生のことなんて考えもしないんだな、って心底実感しました。

その後にも問題になったのが、大会後の新体制決めのことです。引退した3年生や周りの意見を聞いて、新しい部長や副部長を決めて発表しました。でも、それに不満がある子がいて、トラブルになりました。

藤野　それはきついなぁ。

真由子　そのことで保護者が、今度は校長室に押し寄せてきました。私は職員室で待っていたんですが、保護者がいままでの練習方法とか、指導方法とか、日曜を時々休みにしていたこととか、ブワーッと言い立ててヒートアップ。中には涙を流して訴える保護者も。

謝って済ませた方がいいんじゃないか、という声も、周りからはありました。でもこちらとしては、悪いことは一切していないので、謝るつもりはありません。「それだったら辞めさせてください」と伝えた結果、顧問を辞めることになりました。

内田　それは壮絶ですね。

真由子　こんなになるんだったら、はなから関わらないほうがいい、と思いました。でも、私の場合こんなに不快な出来事があったので、辞めたくなるのは当然なんです。他方で藤野先生みたいに保護者ともうまくいってて、勝てる指導ができる先生だったら、より抜けられなくなるんですよ。ハムスターが輪を回すみたいに、いつまでも抜けられなくなって。

部活動顧問を辞退する：管理職との闘い

内田　お二人とも保護者とのやりとりがあって、活動日を減らす、顧問をしない、という決意に至った。それで、管理職とはどういう話し合いをしたんですか？

真由子　さっきの出来事の翌年の4月、職員会議のときに、「私は顧問をやりません」と書いて出しました。それ以前も、「やらない」と書いて出したり、職員会議で震えながら手を挙げて、「全員顧問制はおかしいんじゃないですか」と主張したりしたんですが、「子どもたちのために、みんなでがんばりましょうよ」と押し切られた形でした。

でも、その年は闘いました。管理職からは、「うちは全員顧問制だからあなただけ空欄というわけにはいかない。この副顧問に入らないか」とか「文化部ならどうか」とか提案されましたが、「いや、私はやりません」と断固答えました。その日は1時間ぐらい問答をして、らちが明かないということで、また次の日に呼ばれ、校長室で校長・教頭が説き伏せてくるわけです。「まあまあ、みんなでやっているから。命令はできないけどお願いだから。さあ、やろう」と。「うん」と言わないと帰さない空気がありました。

内田　「命令はできないけどお願いだから」というのは、真由子先生が法的な根拠について訴えたから？

真由子　そうですね。当時もある程度知識はあったので、理論立てて攻めていくわけです。具体的には、学校教育計画という、学校の1年間の学習・授業のスケジュールがあるんですが、そこには部活動について記載されていないということを突きました。つまり、部活動は教育課程外ということなんです。そこで、「校長先生、部活動の意義についておっしゃいますが、学校教育計画に部活動の「部」の字も入ってないですよ」と言ったら、校長も教頭も固まってしまいました。最終的に、自分の意思を押し通して、最終的にはやらないことになりました。

内田　その年度当初の闘いは、それで終わったんですか？

真由子　はい。あきらめられたんじゃないですか。こいつに言っても無駄だと。

内田　そのあとはどうだったんですか？　管理職との関係や職員室での過ごしやすさとか。

真由子　最初のころは、職員室にいづらかったですよね。年配の男性の先生や、子育て中の女性の先生もみんな顧問を持って、土日も疲弊してやっている。そんななか、自分だけ部活動をやっていないので、サボっているかのように見られるわけです。

だけど意図的に無視して、授業研究に没頭していました。そうすれば、子どもからの信頼を得ますし、部活動をしていなくても保護者からクレームがないわけですよ。管理職にも同僚にも、「この先生はこういうやり方なんだな」と認められていったようにと思います。

内田　じゃあ、たとえば飲み会で、管理職とか同僚からいまのやり方を非難されることは……

真由子　意外とないんですよ。むしろ共感してくれる人もいるかもしれません。

内田　でも、同調者はたしか全然いないんじゃなかった？　ゼロでしょう。

真由子　そうなんですが、飲み会のときに「先生みたいにおかしいことはおかしいと言わないと駄目だよね」と言ってくれる年配の女性の先生とか、「先生に感化されてね、副顧問じゃないと受けないようにしたよ」と言ってくれる先生とか、少しずつ地殻変動が起こっているようには思います。表立ってではないですが、着実に。

内田　表に見えないだけなんでしょう。

真由子　おそらく、共感してくれている人はもっといると思います。ただ、アクションに起こして同調するのは怖いんでしょうね。

内田　藤野先生の場合はどうでしたか？

藤野　真由子先生と一緒です。「やりません」と伝えて、その年は断り切れず、2年目でやっとでした。2年目のときは、1時間ぐらいずつ、2・3日かけて管理職と話をしましたね。校長を含めて、管理職の法的なところが甘くて、たぶん超勤四項目に関しても、あまり知識がないんじゃなかったんだと思います。いろいろ伝えたら、管理職も「1回調べるから待ってくれ」と。後日呼ばれて、「自分なりに調べて、言いたいことはわかった。でも、やってもらわないと回らない」と言ってくる（笑）。

真由子　調べた上で言うなんて、説得力ないですよね。

藤野　本当にそうです。そこでも拒否して「やっぱりできません」「やってくれ」と続いたんですが、最終的にはいろいろ条件を付けてやることになりました。それは、休みをちゃんといれるゆとり部活動を継続すること、PTA総会で部活動の矛盾に関して校長が話すこと、次年度は全職員に部活動をやるかやらないかアンケートをとった上で振り分けること。そのうえで引き受ける顧問も、副顧問になると好きなようにできないので、正顧問で取り仕切れるようにする。苦情やらなにかあったら、管理職が責任を持って処理してもらう。

内田　なるほど、うまいですね。改革もしやすいし。

藤野　PTAで言うことに意味があるんです。PTAの総会は子どもがいないので大人の話ができるんですよ。そこで、問題意識を大人同士で共有したかった。

内田　なるほど、いまの話のように、一歩引くときに条件を付けて、「こうだったらやりますよ」とすると、学校の空気が少し変わる可能性がありますね。それにしても興味深いのが、管理職の先生が法制度に疎いという点。意外ですね。

真由子　結構「部活動は仕事」と思っている先生は多いですよ。

藤野　私は自分の自治体の教育委員会に、「部活動は職務か」を問い合わせたことがあります。指導主事はなにも知りませんでした。「部活動はあくまで自主的な活動ですよね？」と聞いたら、あっちは「えっ、そうなんですか」なんて言うわけです。そのあと、「調べておきます」で終わり。思いのほか、管理職も教育委員会も、法制度のことをわかっていない。

真由子　私は「部活動が職務か否か」の答えを知りたくて、文科省に電話したことがあります。

内田　なんて答えだったんですか？

真由子　職務かどうかの明言ではないんですが、「勤務時間内の部活動の職務命令は可能、勤務時間外の職務命令はできない」という答えでした。意外ときちんと対応してくれた印象でした。

内田　部活動指導の大半は、勤務時間を超えておこなわれているので、この文科省の見解は貴重ですね。

授業を頑張っても表彰されない

内田　部活動顧問を拒否したお二人に共通しているのが、授業に注ぐ情熱です。そのことについても伺いたいと思います。

真由子　部活動をやっていたころはもう自転車操業で、土日を丸々取られちゃうと、月曜の準備ができません。満足していない状態で子どもに授業をするのが本当に申し訳なくて。

藤野　部活動と授業の両立は、時間的に無理です。子どもには両立しろ、なんて言いますが。

真由子　初任者とか、せめて3年目までは部活動しちゃ駄目ですよ。初任の先生が「部活動を頑張ります」と挨拶したりするんですけど、本末転倒ですよね。

藤野　教材研究できないですもんね。

内田　教材研究をしっかりやっているから、部活動を拒否していても心理的に落ち着けるというか、居場所があるみたいな感覚って大きいですか？

真由子　ありますね。前任校では、生徒に授業のアンケートをとっていたんです。全員の数値をデータ化するのですが、私はずっと上位にいました。これをもっと評価してほしいんですよ。教材研究をしっかりして、準備をばっちりした状態で子どもの前に行ったら、やっぱりワクワクしますね。逆に、あんまりやっていないままで子どもの前に行ったら不安ですよ。実際子どもの反応も悪いし。

藤野　僕も、教材研究をしっかりやっているのは大きいです。教材会社から自分の専門の英語科のことで取材がきたこともあるし、学校自体が英語で県トップクラスの成績を取っています。ですから、授業で成果もあげているという自負はあります。

内田　学校に行くと、垂れ幕があったり、一番目立つ入り口にトロフィーを飾っているじゃないですか。逆に塾だと、「東大○人合格」とか貼ってあります。これは塾の目的として、わかりやすい。じゃあ、いったい学校はなんの場所なのか。部活動が目的なのか、と。

真由子　その考察は面白いですね。

内田　いつも講演では、その皮肉から入っていくんです。ところで、授業の評価ってされないんですか？　それだけ二人とも頑張って、成果もあげているけど。

藤野　されないですね。誰も見に来ないですもん。

真由子　うちの学校は、校長と教頭が教室をぐるっと一周していますが、「一応見てますよ」という体ですよね。あとは年度の終わりに自己評価というのを出すんです。学級経営、授業や校務分掌について、文章を書く。それで最後校長と面接があって、ABCかどうか言われますが、それが評価として反映されるわけではない。授業をちゃんと1時間見ていないわけですから、「頑張っているみたいだね」程度しか管理職は言いません。

内田　教員集団の中で、「先生、いつも授業すごいね」みたいに言い合ったりはしない？

藤野　うちはあまりないですね。

真由子　どちらかというと子どもの口コミですね。「先生の授業楽しい」とか、「いつも寝ているサッカー部のあの子が先生の授業だけは聞く」とか。

藤野　子どもの声は僕も大事にしますが、教師間でそういう話はないですね、残念ながら。

真由子　いわゆる座学の授業しかしない先生の授業って面白くないから、子どもが寝るんです。私の授業はほぼ寝ないので、「先生の授業、いいね」とか、もっと言ってほしい。

藤野　言ってほしいですね。

真由子　ね。でも、保護者から言われますよ。「先生の授業楽しいね」とか。ほかの先生にはないものをしていると、保護者から評価されるところはあるのかもしれませんね。

職員室でもっと授業の話をしたい

内田　授業で努力しているのだとすれば、それこそ先生は評価されなきゃいけないですよね。

真由子　そこがもやもやする点で、とってもいい授業をしていても「藤野先生、英語の授業が優れている、県○位」と垂れ幕がつくられることはない。他方で、授業がつまらなくて子どもが寝ていても、「サッカー部、県何位」って垂れ幕があったら、みんなから「おめでとう」といわれ、地域のひとも、「この学校の先生のサッカーすごいんだな、いい先生だな」という評価になるわけです。教師の立場からすれば、目先の部活動に飛び込む気持ちもわからないでもないですよ。授業より部活動を頑張ったほうが評価されるんですから。

内田　学校が県トップクラスの成績になったのって、すごく誇り高いことだし、評価されることだと思うけれど。

藤野　でも、垂れ幕は下りない。忘年会でいじってもらっただけですからね（笑）。

真由子　授業は適当にやって、部活動できっちりやって、保護者からの信頼というほうが楽な生き方かな、とか思った時期すらありました。

藤野　わかりやすいんですよ、やっぱり。部活動の結果というのは。

真由子　満足した授業ができても、ライブ配信されているわけですからね。ニコニコ動画とかに流してくれればいいんですけど。画面のコメントに「先生の授業いいね」とか。

内田　垂れ幕って、どれくらいの成果を出すとつくるんですか？

藤野　学校によると思いますが、ブロック大会レベルになると確実で、県出場でも出ますね。

真由子　ちょっとしたことで出すところもありますよ。

内田　でも英語で県トップクラスになっても出ない。

藤野　英語は出ない（笑）。僕が証明しました。教科は出ないです。

内田　他の先生と、「こんな本が出たよ」みたいな、教科の話はないんですか？

藤野　教科は違う先生ですが、そういう話をできる先生はいましたね。

真由子　「あの単元、どうやって導入した？」とか、そういう話

をしたいですよね。

藤野　「どういうプリント使ってる？」とか。

内田　でも、いまははるかに部活動がらみのほうが多いということ？

真由子　いまの赴任校に行ったときに、管理職は開口一番「専門はなに？」と言うんですよ。それは部活動のことを聞いているのです。ほかの先生は「僕、テニス（数学専科）です」とか。「僕、サッカーです（技術家庭専科）」とか。私はそうじゃなくて、「先生、専門はなに？」「数学の○○です」「じゃあ、どんな授業を前にしてきたの？」という会話をしたいのに、「どこまで行った？」「テニスで市大会2位でした」「すごいね」というのが先に来てしまう。

内田　うそでしょう？　信じられない、そんなの。

藤野　スタンダードですよ、それは。僕は絶対「英語」って言いますもん。

真由子　私も一緒です。

内田　それこそが正しい答えでしょう。信じられないなあ。

真由子　新採の先生が、そんな「専門なに？」「サッカー」という会話を聞いたら、「部活動＞授業」という不等式が成り立ってしまうわけですよ。じゃあ、授業やらなくていいんだ、と部活動にのめりこんでしまう先生が出来上がる。

藤野　刷り込みですね。それで40代、50代になったらちょっと悲惨ですよ。授業の力をつけないまま、年を重ねてしまうことになりかねない。もっと教科のこととか、アカデミックな話題が多くなってほしいですね。

内田　授業の話とちょっとずれますが、根強く言われるのが、「部活動をやると生徒の荒れが収まる」という言葉。実際、そういった生徒指導的な効果はあるんですか？

藤野　僕はないと思います。僕が部活動に没頭していた学校はわりと荒れていたんですが、打ち込んでいたのに生徒たちは荒れていました（笑）。なにも根拠がないと思いますよ。

内田　荒れているところにいた先生に言われると説得力を感じますね。

真由子　なぜ荒れるのかということを考えたら、授業中わからなくて暇だからちょっかい出したりするんですよ。理想論ではありますけど、授業が楽しくて魅力的で、そこで認められて学力も上がっていって、将来の展望が開けていけば荒れないんじゃないかと思いますね。でもそうじゃないから、放課後のフリーな時間で荒れる。だったら、部活動をさせておけばその時間がんじがらめにできるという話なんだと思います。でも、それって家庭の教育力が発揮されるのを阻害していることになるんですよね。

内田　部活動は非行防止に役立つと信じられているけど、授業との関係はどうなのか、さらには、そもそも非行防止に週7日の活動が必要なのかなど、慎重に検討するべきですね。

部活動の未来：「ゆとり部活動」の可能性

内田　最後に、これからの部活動の未来展望図を考えたいと思います。すごく具体的な質問ですが、ゆとりのある部活動、週に3回、平日の夕方のみ2時間まで、と想定した場合、部活動指導はやりたいですか？　あるいは週に2回でもいいです。

というのは、部活動の魅力というのもたしかにあるわけです。生徒の普段の違った側面が見られる、とか、そういった理由でやるかどうか、教えて下さい。

真由子　私はやりませんね。確かにそういう側面を見る楽しさはあります。でも、学校の姿だけで十分だと思います。生徒の様々な、全部の姿を見たほうがいいという先生はいますが、そういうのは教師のエゴですよ。土日のサッカーを頑張っている姿とか、もちろん見たい人は見てもいいけど、すべてを把握する必要もないですよ。話で聞いて、「サッカーで頑張っているらしいね」と声掛けてあげるくらいでいいんです。私に関しては、そのために貴重な時間をボランティアで費やすつもりはありません。

内田　時間のこともあると思いますが、たとえば、手当てがちゃんとついたら？

真由子　やらないです。この間生徒に聞かれたんですよ。「先生、1試合勝ったら1万円もらえたらやりますか」とか、「1時間1万円だったらやりますか」とか。「君は鋭いことを聞くね」と答えましたよ。でも、やらないです。家族があるし時間は有限ですから。

内田　それはやっぱり、優先すべきものとして家族と授業があるということ？

真由子　本当のことを言うと、土日に授業研究をするのも負けだと思っているんですよ。せざるを得ないですけどね。

内田　部活動をするくらいなら授業研究をしたいということですね。

真由子　はい。優先順位は授業ですし、終わったら帰って家族の時間を大事にしたいです。

内田　藤野先生はどうですか？

真由子　藤野先生はやりたいんじゃないですか（笑）。

藤野　そうですねえ……。土日はなしですよね？

内田　もちろん。

真由子　給料は出ないんですよね、平日だから。

内田　そうですね、そういう想定で。

藤野　クレームはゼロですか。

内田　管理職がちゃんと、何かあった場合全部対応します。

藤野　荒れない、もめない、事故もない……よし。火木、週に2回なら！

内田　1週間に2回、火木ならいい。

真由子　4時半に終わったとして、6時半までという感じですかね。

内田　それだったらいい。そういう条件ならやってもいいと思う理由は何ですか？

藤野　やっぱり、子どもたちが少しずつうまくなるのを見るのは楽しいですから、それを見たいという気持ちはあります。でも、やりすぎにならないような歯止めが必要だと思います。

そうなると、全中（大会）はやめるべきでしょうね、僕が言うのもなんですけど。

真由子　あれだけ目指していたじゃないですか（笑）。

内田　たとえば体育の時間とか、球技大会でも盛り上がるじゃないですか。ゆとり部活動にしても、縮小した部活動にしても、別に勝つことを否定するわけではないと思うんですよね。だとすると、どのくらいの大会であればいいと思いますか？

藤野　市内大会くらいまでじゃないですかね。他校との交流試合、友達もちょっとできて……そのぐらいならいいと思います。それを年1回ぐらい。

真由子　でも、子どもがそこで留まれないんじゃないですか。

藤野　そういうものだ、となってしまえば大丈夫だと思いますけどね。逆に、やりたい子は自分たちで、部活動外でどこかでやってくれればいい。

内田　締めになりますが、読者、とくに後輩の若手教員に伝えたいメッセージをぜひ。

藤野　若い先生には、教材研究をがっつりやってほしいです。すごく楽しいですよ。本当に一分野だけでもいいから、誰にも負けないぐらいの専門性を高めてほしい。例えば英語なら発音が抜群にいい、というのでいいんです。そういう土台をつくっておくことが、教師としての魅力につながります。

真由子　教師の本分はなにかというと、授業なんです。極端なことを言うと、授業さえちゃんとできれば全部ついてきます。ですから、プライドを持ってやってほしいですね。

藤野　そういうふうに教材研究をしっかりやって、授業に臨めるようになったのは顧問をやめたころからです。そうして時間をつくったから、授業に向き合えたと思っています。

内田　それこそ、新任のうちは部活動より、授業、教材研究が大事ということですよね。真由子先生、改革の先陣を切ってきた立場として一言をお願いします。

真由子　最近、大学生や新人教員のアカウントからの相談が多いです。あるいはその親から「大学生の子どもが今度から採用されるんですけど、初任から部活動を断ったらどうなりますか」とか。頼ってくれていいんですけど、まず自分でも頑張ってほしいとは思います。それなしには変われないですからね。

それと、教師は自分のＱＯＬ（クオリティ・オブ・ライフ）を考えた方がいいと思います。犠牲心が強すぎて、そんな自分に陶酔している。結果、離婚したり、体を壊しているのが現状です。もっと、働き方を考えたほうがいい。

内田　日本の先生方が身を粉にして頑張っているのは、見ていて心から実感します。部活動を長時間ボランティアでやる、深夜まで学校のため、子どものために尽力する。それには本当に頭が下がるんだけど、じつはその価値観自体を変えないといけない。望ましい働き方を変えていかないと、部活動の問題は解決しないと思います。勤務時間は子どものために全力を尽くすけど、それ以外は自由でいい。部活動をやりたい先生は、週に数回指導すればいいし、そうでない先生は自分や家族の時間を大事にすればいい。部活問題対策プロジェクトの活動をはじめ、現在の教員の働き方改革の動きの先に、このどちらも尊重するような意識が学校でもっと生まれていってほしいですね。ありがとうございました。

真由子　ありがとうございました。

藤野　ありがとうございました。

おわりに

「部活がしんどい」「部活やめたい」という声が、インターネットを舞台に世論を形成しつつあるのは、偶然ではありません。

「部活を指導してこそ一人前」という職員室の当たり前に埋もれてきた声。「部活楽しい」という仲間たちの空気にかき消されてきた声。それらを「見える化」してくれるのが、匿名のインターネット空間です。

教員向けの講演会における定番の質問として、「私たち一教員に何ができるでしょうか」があります。そのとき私はいつも「インターネット環境があれば、ぜひTwitterやFacebookに登録をして、ほんの一言つぶやいてみたり、リツイートしたり、『いいね』ボタンを押したりしてみてください」とお伝えしています。

たとえば、Twitterで誰かがつぶやいたとき、そのつぶやきに対して「リツイート」をワンクリックする。それだけでよいのです。そこでリツイート数が一つ増え、またあなたのフォロワーにもその情報が伝わり、その結果さらにリツイート数が増えることにもつながっていきます。

その「数」を見て、今度はマスコミやウェブメディアが関心をもち始めます。そしてときに、記事を出してくれます。今度はその記事を私たちが、（自分の意見を交えずとも）ツイートすれば、記者は手応えを感じ、さらにその問題に関心をもってくれます。

いま私たちが肌で感じている部活動改革のうねりは、こうして拡がってきました。その成果の一つが、本書です。

この書を生み出すにあたって、たくさんの方々から、苦悩の体験談や現場の実情を教えていただきました。この場を借りて、心よりお礼を申し上げます。本当にありがとうございました。

とりわけ、「部活問題対策プロジェクト」の先生方には、コラムの執筆と座談会への参加というかたちで、本書の作成に直接にご尽力をいただきました。２０１５年の春から夏にかけて全国各地で先生方にお目にかかり手をとり合ってから、ようやくここまでたどり着くことができました。まずはこの場で、厚くお礼を申し上げます。本当にありがとうございました。

また、名古屋大学大学院教育発達科学研究科・教育社会学研究室の院生の皆様には、校正作業にご協力頂きました。しめ切りが迫るなか、細かくチェックして頂き、とても助かりました。本当にありがとうございました。

そして、このたくさんの人たちの思いを書籍というかたちで世に送り出してくれた東洋館出版社編集部の大竹裕章さんに、お礼を申し上げます。構想の段階から出版に至るまで、その思い出話だけで一章くらい書けそうな勢いで、支援と励ましをいただきました。本当にありがとうございました。お陰様で、素敵な仕上がりになったと、とても満足しています。

他方で、本書では十分に論じきれなかった課題もたくさんあります。

第一に、本書ではデータ上の制約から、まず高校の部活動への言及が不十分でした。高校の部活動は、競争の論理によって中学校以上に激化していることも多々あります。また、小学校の部活動にも関心を向けなければなりません。中高の部活動の過熱は、一部地域で、小学校の部活動にも影を落としています。

第二に、部活動のあり方は、学校―教育委員会―文部科学省の取り組みだけで改善できるものではありません。学校部活動を基盤にして成り立つ組織であり、かつ今日の競争の論理を支えている組織と言ってもよい、日本中学校体育連盟、全国高等学校体育連盟、日本高等学校野球連盟、全国高等学校文化連盟などの協力を得ることが不可欠です。

第三に、本書は、冒頭でも述べたとおり、運動部だけではなく文化部のあり方も想定した内容にしました。ただし、文化部にとくに焦点を絞ったものではありません。部活動に関する批判的議論は、いつも運動部を対象にしてきました。教育行政や関係団体が発表する部活動関連施策も、そのほとんどすべてが運動部に対するものです。そこで、吹奏楽部に代表される文化部は、改革談義の蚊帳の外に置かれてきました。批判の対象からずっと漏れたまま、批判にさらされずに存続・拡大してきました。その意味で、吹奏楽部をはじめとする文化部にも、改革のメスを入れていくことが求められます。

以上、この他にも細かいことを言えば、部活動予算の集め方・使途、学校をまたいだ部活動運営の方法、地域移行の課題、部活動間の統廃合、入試との関係性など、検討すべき事項はたくさんあります。また大局的には、部活動改革を確実なものにするためには教員の働き方改革の推進も必須です。

課題は、山積。猫の手ならぬ、たこの足を5、6本ほど借りたい状況です。また近い機会に、上記の課題のいくつかを検討して、その成果を皆様にお届けしたいと思います。

同じ時代に、同じような痛みをもった、同じような傷をもった人たちが、お互いは遠くに離れていながらも、いま、ひとつの思いをもって歩みを進めています。

正直に申し上げれば、高すぎる壁を前にして、何度も心が折れます。次々と届く苦悩の声には、絶望感を抱くこともあります。それでも、答えはもうすでに出ています。だから、私はあきらめない。いっしょに次のステップに向けて歩んでいきましょう。

2017年6月　異国の空を見つめながら

内田　良

【コラム・座談会協力】部活問題対策プロジェクト

（http://www.geocities.jp/bukatumondai/）

メンバー（※本書掲載順）

○ゆうけん（コラム執筆）

Twitter アカウント：https://twitter.com/yutakenta64

ウェブサイト：「部活動のあり方はおかしい！」

http://blog.livedoor.jp/yutakenta/

○神原　楓（コラム執筆）

Twitter アカウント：https://twitter.com/wakateowl

ウェブサイト：「部活動の顧問は拒否するべし！」

http://bukatsu-is-volunteer.blog.jp/

○小阪成洋（コラム執筆）　※プロジェクト代表

Twitter アカウント：https://twitter.com/Daisuke_regards

ウェブサイト：「部活動リスクによろしく」

http://www.geocities.jp/regards_to_risk/

○中村由美子（コラム執筆）

Twitter アカウント：https://twitter.com/dai981026

○真由子（座談会協力）

Twitter アカウント：https://twitter.com/mayuko4460

ウェブサイト：「公立中学校　部活動の顧問制度は絶対に違法だ‼」

http://bukatsu1234.blog.jp/

○藤野悠介（座談会協力）

Twitter アカウント：https://twitter.com/thankstoryu

ウェブサイト：「生徒の心に火をつけるためのブログ」

http://blog.livedoor.jp/aoihorizon/

著者の研究活動に関する情報発信一覧

○Yahoo! ニュース個人
「リスク・リポート――事故・事件を科学する」
https://news.yahoo.co.jp/byline/ryouchida/

○学校リスク研究所（主宰・内田良）
http://www.dadala.net/

○部活動リスク研究所（主宰・内田良）
http://www.rirex.org/

○Twitter アカウント
https://twitter.com/ryouchida_RIRIS

○Facebook アカウント
https://www.facebook.com/ryo.uchida.167

※連絡先（E-mail）
dada@dadala.net

内田　良（うちだ りょう）

名古屋大学大学院教育発達科学研究科准教授。博士（教育学）。専門は教育社会学。日本教育社会学会理事、日本子ども安全学会理事。

スポーツ事故、組み体操事故、転落事故、「体罰」、自殺、２分の１成人式などの「学校リスク」について広く情報発信し、問題の火付け役としても貢献している。ヤフーオーサーアワード2015受賞。

運営サイトに、「学校リスク研究所（http://www.dadala.net/）」「部活動リスク研究所（http://www.rirex.org/）」がある。また、最新情報をYahoo! ニュース「リスク・リポート（https://news.yahoo.co.jp/byline/ryouchida/）」で発信している。Twitterアカウントは@RyoUchida_RIRIS。

著書に『教育という病』（光文社、2015）、『柔道事故』（河出書房新社、2013）、『「児童虐待」へのまなざし』（世界思想社、2009。日本教育社会学会奨励賞受賞）などがある。

ブラック部活動
子どもと先生の苦しみに向き合う

2017（平成29）年7月31日　初版第1刷発行

著　者　内田　良
発行者　錦織　圭之介
発行所　株式会社 東洋館出版社
〒113-0021　東京都文京区本駒込５丁目16番７号
営業部　電話 03-3823-9206 ／ FAX 03-3823-9208
編集部　電話 03-3823-9207 ／ FAX 03-3823-9209
振替　00180-7-96823
URL　http://www.toyokan.co.jp

カバーデザイン　水戸部　功
本文デザイン　藤原印刷株式会社　宮澤　新一
印刷・製本　藤原印刷株式会社

ISBN978-4-491-03333-4
Printed in Japan